O.-K. NOTOVITCH

L'AMOUR

ÉTUDE PSYCHO-PHILOSOPHIQUE

PARIS
LIBRAIRIE MARPON & FLAMMARION
E. FLAMMARION, SUCC[r]
26, RUE RACINE, PRÈS L'ODÉON

8° R
11553

L'AMOUR

ÉTUDE PSYCHO-PHILOSOPHIQUE

ÉMILE COLIN — IMPRIMERIE DE LAGNY

N° 14793

O.-K. NOTOVITCH

L'AMOUR

ÉTUDE PSYCHO-PHILOSOPHIQUE

PARIS
LIBRAIRIE MARPON ET FLAMMARION
E. FLAMMARION, ÉDITEUR
26, RUE RACINE, PRÈS L'ODÉON

Tous droits réservés.

AVANT-PROPOS

Il me serait difficile d'expliquer au lecteur quels sont bien exactement les motifs, personnels ou autres, qui m'ont décidé à tenter l'analyse psychologique et philosophique de l'amour. Je puis seulement lui assurer qu'en entreprenant ce travail je n'avais en vue ni un plan, ni un but bien définis. Je voulais simplement exposer en quelques entretiens familiers des idées générales sur une manifestation qui m'a toujours paru la base de toute notre existence morale et contrôler en même temps mes propres observations sur ce sujet. Mais suivant l'habitude prise depuis ma jeunesse de laisser à ma pensée suivre son libre cours, je me suis laissé entraîner, sans m'en apercevoir, à faire succéder un entretien à un autre, si bien que, tous réunis, ont fini par former un volume.

Ayant ainsi prévenu le lecteur du caractère peu prétentieux de ce travail, j'espère qu'il voudra bien m'accorder sa bienveillance et me pardonner les lacunes et les erreurs qu'il y pourrait rencontrer dans le cas où il voudrait contrôler mes déductions théoriques d'après sa propre expérience.

L'AMOUR

ÉTUDE PSYCHO-PHILOSOPHIQUE

PREMIÈRE PARTIE

CHAPITRE PREMIER

Les lecteurs bienveillants qui ont eu la patience de parcourir mes études philosophiques publiées en 1886 et 1887 (1) doivent

(1) *Un peu de Philosophie.* Auguste Ghio, éditeur. — *La liberté de la Volonté.* Alcan, éditeur.

être déjà un peu familiarisés avec ma manière d'envisager les sens et le but de la vie humaine par rapport à la genèse de l'univers.

L'homme, dis-je, n'est que l'incarnation d'une des forces naturelles innombrables, variables et éphémères, de l'univers ; ce n'est qu'un petit foyer dont la flamme allumée ou éteinte n'ajoute ni ne retire à la nature pas un atome de chaleur ni de lumière et ne change pas d'un iota les lois de l'harmonie universelle.

Nous avons par exemple une bougie devant nous. Allumez-la. Sa flamme ajoute-t-elle quelque chose à la masse de chaleur répandue dans l'univers. Certes non. La flamme de la bougie n'est qu'une parcelle matérialisée et devenue perceptible de la chaleur qui, jusque-là, restait latente et cachée dans la nature. Éteignez la bougie. La chaleur générale de la nature en a-t-elle diminué? Certes non. Il n'y a rien de changé. Seulement la bougie a cessé de servir d'intermédiaire entre la chaleur latente et nos sens.

Il en est de même pour l'homme. Son existence n'ajoute rien à l'énergie vitale de l'univers. En mourant il n'emporte rien avec lui dans la tombe. Son cadavre est cette bougie éteinte.

C'est là une preuve évidente que l'activité ou l'inertie de l'homme produisent sur la nature un effet identique, c'est-à-dire nul.

Incarnant passivement en lui une partie de l'énergie vitale répandue dans la nature, il apparaît en même temps comme une force active, tandis qu'il n'est qu'un des représentants passifs du mouvement nécessaire des forces naturelles.

Il serait certainement plus agréable à l'homme de s'imaginer qu'il est absolument maître de son énergie et de ses actions. Il n'en est rien cependant bien qu'il s'en fasse l'illusion. Recommençons notre expérience. Rallumons la bougie. Elle brûle évidemment sans le vouloir, *passivement*. Mais en même temps elle semble éclairer et chauffer *activement*. Supposez-la un moment douée de votre âme, donnez-lui vos facultés et vous l'entendrez affirmer qu'elle éclaire et chauffe de sa propre volonté et que si elle voulait elle s'éteindrait, c'est-à-dire se suiciderait.

Toute la différence (qui n'est qu'apparente) entre nous et la bougie consiste en ce que cette dernière est allumée et éteinte par notre action, tandis que nous sommes allumés et éteints par l'action de la nature. Mais, dans l'un comme dans l'autre cas, c'est une force active, extérieure, inconnue de nous, qui gouverne toutes les actions.

Vous me demanderez peut-être pourquoi je parle ici de ce problème insoluble quand le sujet de cette étude est si simple et si facile à comprendre...

L'amour, qui ne le connaît dans l'une ou dans l'autre de ses manifestations?

C'est qu'il ne suffit pas d'envisager ce qu'on appelle les questions difficiles de bas en haut, sans vouloir remonter à la cause des manifestations, car dans ce cas l'amour ne semblerait qu'une chose simple et banale, qu'un mal portant préjudice non seulement aux individus isolés, mais encore aux sociétés entières. C'est d'ailleurs ainsi qu'on l'envisage généralement dans cette époque pratique.

Il n'existe peut-être pas dans tout le monde moral une manifestation de ce genre dont l'étude soit plus négligée, je dirai même plus méprisée que celle-ci. C'est en elle cependant que réside tout ce qu'il y a en nous de plus véritablement humain, tout ce qui, chez nous, s'élève au-dessus des préjugés et des instincts égoïstes et aveugles.

Dans quelle catégorie rangerons-nous alors ce que nous appelons les bons sentiments, c'est-à-dire l'esprit de sacrifice, l'abnégation, l'amour de la liberté et de la vertu ?

Non, de semblables éléments d'indépendance et d'énergie morales ne se plient pas devant la nécessité des conditions de temps, de lieux et de circonstances. Ils viennent précisément de cette région morale que nous dédaignons et que nous poursuivons le plus : celle de l'amour.

Mais je reparlerai de cela plus en détail en temps et lieu. Pour le moment, revenons à notre point de départ. Ainsi donc l'homme, quoique n'étant que la représentation passive des forces naturelles, s'imagine cependant agir de sa propre volonté. La seule raison de cette croyance, pour qui connaît les recherches récentes sur « les illusions de la conscience » vient de cette grossière erreur. Et l'homme a su se contenter de cette erreur depuis son apparition sur la terre ; elle lui a même servi à se tailler une place non-seulement indépendante, mais même prépondérante dans l'univers ; elle a été l'unique cause de ses efforts ridicules et inutiles, ayant pour but de se créer tout un monde soumis à son influence.

Je dis hardiment : efforts ridicules et inutiles ayant pour but de se créer tout un monde soumis à son influence.

Je dis hardiment « efforts ridicules et inutiles », car nous voyons effectivement à chaque pas dans l'histoire que les formes gouvernementales et sociales, élaborées après tant de luttes sanglantes et terribles, au prix de tant d'injustices flagrantes, restent toujours dans leur état primitif, que l'homme n'a pas encore jusqu'à présent inventé un système gouvernemental et social reconnu et adopté de tous, que tous les systèmes existants sont constamment en butte à des changements et à des révolutions, si bien qu'il faut sans cesse se poser cette question : « Est-ce là, est-ce bien là la voie que nous devons suivre? »

Et l'on se demande alors malgré soi s'il n'existait pas antérieurement aux sociétés que nous connaissons des organisations sociales plus parfaites. Ne serait-ce pas pour cette raison qu'une des plus anciennes nations, la Chine, a conservé dans ses légendes et a même élevé à la hauteur d'un dogme le souvenir d'un âge d'or écoulé il y a bien longtemps? C'est peut-être également pour la même raison que l'organisation sociale de ce peuple, non seulement n'est pas assez étudiée, mais encore demeure presque absolument incompréhensible aux hommes élevés dans les conceptions politiques qui dominent aujourd'hui.

En réalité, la nature n'a pas donné à l'homme tous les besoins qu'il s'est créés artificiellement. Ce qu'elle lui impose, c'est une existence éphémère et la transmission de cette existence à d'autres êtres, c'est-à-dire, la reproduction. A part cela, peu lui importe comment nous organisons notre vie et quel idéal philosophique ou social nous poursuivons; il lui est également indifférent que nous nous rendions l'un à l'autre la vie dure ou agréable, que nous nous combattions, que nous nous suicidions. Tout ceci n'est que le résultat nécessaire de l'enchaînement des causes. Pour ce qui est du bonheur et de la longévité de notre existence, ce sont des détails dont la nature ne se préoccupe pas car ils sont indépendants du but qu'elle poursuit et qui seul l'intéresse. Elle est toujours sûre que lorsque nous disparaissons d'autres nous remplacent et que si la forme même qui nous est propre disparaissait, une autre la remplacerait. Tous nos efforts, toutes nos agitations ne produisent en général aucune modification, aucun désordre dans les lois naturelles.

Deux choses sont seules nécessaires à la nature : notre existence même éphémère et la durée de l'espèce. C'est là évidemment son unique souci. Par quelles voies elle atteint ce but, tout le monde le sait : par l'attraction sexuelle innée chez l'homme.

Toutes les études psycho-physiologiques de la nature humaine s'arrêtent sur cette vérité, indiscutable. Qui n'a pas, en effet, éprouvé une attraction sexuelle ! C'est, dit-on, un sentiment physique, grossier, qui, malgré nos facultés morales nous maintient au niveau de la bête. Que nous importent on ne sait quel but de la nature et les délices que procure cette attraction puisque sa satisfaction est accompagnée d'une lutte pénible pour la possession de l'objet convoité et pour l'existence même ! Il est évident que la nature a engendré une sorte de contradiction entre l'esprit et le corps, et comme nous possédons des moyens suffisants pour faire lutter avantageusement le premier contre le second, la mission la plus haute de l'homme doit être de combattre et de vaincre ses instincts.

Un ascète ou un célibataire convaincu vous diront que c'est la nature elle-même qui les a contraints à se révolter contre ses lois.

CHAPITRE II

Essayez maintenant de vous rappeler tout ce que vous avez étudié autrefois dans le vaste domaine de l'histoire et de la littérature et d'oublier pour un moment tous les clichés et les lieux communs qu'on vous a inculqués depuis votre enfance. Ces digues livresques doivent être renversées si vous voulez un jour penser par vous-même. La hardiesse de mes conclusions alors ne vous scandalisera plus.

Envisageons donc la question de haut en bas.

L'attraction physiologique que nous éprouvons pour la femme est-elle réellement si grossière et si animale qu'on doive considérer avec tant de mépris le rapprochement des sexes ? Etant donné son résultat, elle ne peut, en effet, se présenter différemment à notre esprit. De deux êtres de sexe différent en naît un troisième ; et cet acte est accompagné, d'une part, de volupté physique et d'autre part de souffrances également physiques. Tels sont les résultats tangibles, et en somme, la nature ne demande pas autre chose. Mais au point de vue de son accomplissement, cette attraction n'est pas si simple. Nul ne peut nier cette force intangible qui donne à l'attraction sexuelle une intensité particulière. Ce quelque chose d'invisible qui rend si enivrant, si puissant notre entraînement est comme une parcelle de cette attraction puissante répandue dans tout l'univers, de ce ciment magique à l'aide duquel la nature réunit, attache tous les atomes de la matière ; c'est une variété de ces forces primordiales sans lesquelles l'existence même de l'univers serait impossible, à savoir l'attraction et la pesanteur.

Sans un peu de cette force créatrice qui introduit tant de péripéties dans notre vie la nature ne pourrait certainement atteindre son but et c'est pourquoi elle nous l'a départie. L'homme l'a compris dès le commencement de son développement, et l'on pourrait prouver par toute une série de faits historiques, que l'idée de l'amour lui est venue bien avant même que l'idée de la divinité. Qu'est-ce donc que tout l'Olympe classique, sinon l'incorporation la plus éclatante et la plus variée de l'amour. Le premier dieu olympien est Eros, dieu de l'Amour « qui crée tout, qui s'introduit partout, qui réunit tout. » Il sort directement du chaos en même temps que Rhéa (la terre), le méchant Tartare (le Monde souterrain). Comme on le voit, la force créatrice est dévolue au dieu de l'amour. Tartare est son adversaire, son ennemi. Mais cette antinomie même ne sourit pas au penseur primitif et il a cherché entre eux un point de contact. Il a marié alors Aphrodite (Vénus), la merveilleuse beauté, avec le noir forgeron Vulcain. La beauté céleste se trouve ainsi fondue avec la force.

Cependant les mains calleuses du forgeron ne portent aucune trace des charmes de l'amour et nous voyons apparaître comme son rival un homme qui sait également manier le fer destructeur, non pas au nom du méchant Tartare mais au nom de l'idée patriotique, pour son pays. C'est le guerrier. La belle Aphrodite abandonne naturellement son mari boiteux et malpropre pour suivre le guerrier Arès (Mars). Cela provient-il de l'harmonie des noms ou de toute autre chose, mais de cette union illégale naît le bel Eros. Comme fils — quoique illégitime hélas! — il manie l'arc fort bien et lance des flèches d'une main sûre. Et quelles flèches! Les plus perfides. En frappant le cœur, chacune d'elles y fait entrer le désir insatiable la soif inextinguible de l'amour. C'est en vain que le vieux Zeus (Jupiter), le dieu tonnant, fronce les sourcils et ride son front, le sourire malin du tout petit Amour le désarme aussitôt et calme les terribles éléments. A sa voix, Posecdon lui-même (Neptune), s'élance avec toute sa suite dans une danse folle, aux sons enchanteurs de la musique des Tritons et de la voix des Sirènes. Et tout l'univers écoute avec stupeur cette sauvage et puissante mélodie.

Est-il nécessaire de poursuivre? Qui, parmi nous, au moins dans son enfance n'a fréquenté l'Olympe. Qui de nous (cette fois à l'âge où l'on est homme fait) n'a rêvé de trouver sur la terre au moins un écho de ces transports d'amour dont est remplie l'atmosphère de l'Olympe et qui ont inspiré les poëtes de tous les temps et de tous les pays?

Même les Chinois, ce peuple qui voue un culte à l'immobilité, à la paresse et à l'apathie, ont un Olympe d'esprits de montagnes qui descendent sur la terre pour jouer, dans les maison, le rôle de génies des foyers. Même chez ce peuple, l'idée de l'amour fait partie du monde moral. Les esprits des montagnes fécondent les femmes choisies pour qu'elles mettent au monde des hommes choisis. Les chants nationaux les plus anciens parlent des délires et des transports de l'amour. Aussi le mariage apparaît encore aujourd'hui chez les Chinois comme le résultat de l'amour réciproque du Ciel et de la Terre et on le consacre à l'aide des invocations à ces deux éléments. De là aussi vient le culte des ancêtres, unique en son genre, et qui ne trouve son pendant que dans le culte des morts, en Egypte.

J'ai déjà dit de quelle façon les anciens cherchaient à concilier l'idée de l'amour comme tendance vers la beauté, la vertu et la vérité, avec son antinomie : le mal dans toutes ses variétés et ses manifestations. Mais ce qui les troublait le plus, c'est évidemment le côté néfaste et douloureux de l'amour, lequel était plus accessible à ses sentiments. L'attribution de l'amour comme un don heureux de la divinité s'alliait mal dans son esprit avec les souffrances qui chez la femme accompagnent l'acte de la procréation. Si la transmission de la vie à un troisième être est obligatoire dans l'intérêt même d'Eros, pourquoi, se demandaient-ils, s'accomplit-elle dans la douleur souvent dangereuse aussi bien pour la mère que pour l'enfant? Vient à son aide alors, pour le sortir d'embarras, la légende biblique sur le péché originel. L'homme, dit cette légende, a voulu franchir les limites du bonheur qui lui était assigné ; il a voulu pénétrer les secrets de la vie, et il en a été cruellement puni. L'homme fut condamné à un travail incessant : « La terre sera maudite à cause de toi ; tu la cultiveras à la sueur de ton front jusqu'à ta mort et tu retourneras à cette poussière dont tu es sorti. » La femme fut condamnée aux souffrances de la maternité et à la soumission : « Je multiplierai pour toi les douleurs de l'enfantement et tu devras obéir à ton mari. »

Puis à travers toute l'époque biblique, malgré la pauvreté des documents et le laconisme de son unique chronique, nous voyons régner et prédominer le même amour, l'âme immortelle d'Eros qui gouverne toute destinée humaine. Semblables à des flambeaux ou à des phares projetant des lueurs éclatantes sur un océan sans limites, passent devant nous les images lumineuses de nos grand'mères amoureuses. Sarah, Agar, Rebecca, Rachel, etc.

Leur auréole n'est même pas ternie par les récits d'une crudité vive que nous transmet la Bible, tels que le roman d'Abraham avec Agar, l'aventure bachique de Loth avec ses filles, l'épisode de l'histoire de Joseph poursuivi par la femme de Putiphar.

Mais c'est surtout dans le si poétique Cantique des Cantiques du roi Salomon que se révèle le culte de l'amour. Là, le relief saisissant des images, la couleur éclatante du style, la profondeur du sentiment, enfin la beauté expressive quoique grossie des métaphores laissent loin derrière elles la passion effrénée de l'élégie érotique en Grèce et les romans alexandrins.

CHAPITRE III

L'archéologie s'occupe beaucoup aujourd'hui de l'étude des monuments de l'antiquité. On entreprend partout les fouilles les plus hardies. On reproduit jusqu'aux plus petits signes gravés sur les pyramides et les obélisques. On interroge avec opiniâtreté les sphynx et les tombeaux silencieux. Les savants pédants s'enthousiasment devant la trouvaille de quelque manuel de médecine du temps de Hermès ou quelque note de cuisinière du temps de Rhamsès. Quant au cœur qui battait jadis sous les bandelettes des momies desséchées, quant au côté moral qui marquait la voie de développement et l'organisation même des sociétés disparues, de tout cela, il n'est presque pas question. Il ne vient à l'esprit d'aucun de ces savants de chercher à s'expliquer comment dans le même cerveau une culture intellectuelle relativement supérieure pouvait s'allier au fétichisme le plus grossier ; comment la même intelligence capable d'observations très exactes et d'une conception d'art harmonieux pour la construction des temples, des palais et des tombeaux pouvait s'abaisser jusqu'à l'adoration d'idoles en pierre, d'animaux domestiques, etc. Nul n'oserait dire que l'Egypte — ayant un niveau de civilisation assez élevé — fut un peuple d'idiots. Encore moins cette qualification pourra-t-elle être donnée aux grands législateurs, philosophes et poëtes de l'antiquité, tels que les Solon, les Lycurgue, les Platon, les Aristote, les Ovide, les Virgile, etc., dont l'histoire commence la pléiade peu nombreuse des génies universels.

En quoi consiste donc le secret de la contradiction que nous venons d'indiquer? Pour moi, je crois que c'est exclusivement dans la force de l'imagination. Il me semble que pour accepter un chat comme un être sacré, pour punir un homme par la mort du meurtre involontaire de cet animal, laisser perdre des batailles décisives plutôt que d'écraser quelques membres de cette espèce, ou prendre un bœuf pour un dieu et organiser en son honneur des solennités, il me semble, dis-je, que, pour réaliser de telles extravagances, il faut avoir une bien plus grande intensité d'imagination que pour s'assimiler une simple représentation de l'idée abstraite des causes finales. Dans le premier cas, on est obligé de trouver quand même la justification de toute une série de conceptions stupides, d'allégories et de métaphores que l'aspect seul ne peut admettre, et non seulement l'esprit qui procède aux calculs astronomiques, mais même tout simplement celui qui se représente les choses telles que, de tous les temps, on les a comprises par les cinq sens; tandis que, dans le second cas, il suffit de remonter logiquement la chaîne des causes du particulier au général, pour arriver à la conception la plus élémentaire de l'origine de toute chose. Il suffit pour cela de rejeter toutes les erreurs du passé.

L'imagination des anciens était-elle plus intense parce qu'elle n'était pas oppressée sous la servitude d'une organisation politique, toute-puissante, ou pour toute autre cause? Toujours est-il qu'elle ouvrait de larges voies au monde spirituel et aux sentiments de l'homme ; lorsqu'il aimait, il s'élevait jusqu'à l'adoration la plus aveugle, jusqu'à l'abnégation la plus complète; quand il haïssait, l'enfer seul eut pu rivaliser avec lui de férocité dans ses vengeances.

Ces facultés extrêmement instructives de l'homme antique, les savants pédants, dis-je, ne les remarquent presque pas. Ces traces si expressives, si claires et si précises de l'amour qui brûlait jadis dans les cœurs et les remplissait de délices inconnues, semblables à des feux follets qui luisent dans les ténèbres de la nuit, ressortent aujourd'hui des ruines mystérieuses et des tombes oubliées, et les savants pédants passent à côté sans s'en apercevoir, uniquement préoccupés de déchiffrer l'énigme d'une inscription cunéiforme.

Que leur importent « toutes ces aventures érotiques qui ne font qu'abaisser la grandeur classique de l'antiquité » ? que peuvent-elles présenter pour nous de nouveau et d'instructif ? L'idée de généraliser « ces aventures », de rétablir d'après ces vestiges l'un de ces cultes idéals qui, *naturellement* et non *artificiellement* comme aujourd'hui, élevaient l'homme au-dessus de sa nature animale, cette idée n'est nullement poursuivie ni approfondie. Cependant, dans toute mythologie, — en dehors même de l'incorporation de l'idée de l'amour dans l'idéal du bien et de la vérité qui avait chez chaque peuple un représentant puissant en la personne d'un dieu des dieux, nous voyons aussi des dieux spéciaux de l'amour: chez les Indiens : Kandakar et Lakchmi (la femme de Vichnou); chez les Egyptiens : Ghatora (la reine des dieux); chez les Chananéens : Bélita; chez les Grecs : Aphrodite, etc. Si l'on remarque que dans la mythologie grecque le dieu et la déesse de l'amour, Eros et Aphrodite, apparaissent dans le nombre des premiers représentants de l'Olympe comme l'un des principaux éléments créateurs de l'univers, il est permis, par analogie, de supposer que les autres dieux et déesses de l'amour occupaient également une place prépondérante dans les différentes mythologies.

Arrêtons-nous un instant sur les prières, les poèmes, les romans et les drames des Hindous. L'amour y est partout représenté luttant contre différentes puissances allégoriques. Ici comme chez les Chinois les créatures d'élite naissent de l'union des dieux avec les mortelles. Le héros du Mahabharata et du Ramayana, les enfants de Pândou sont nés de l'union des femmes de ce dernier avec divers dieux. La description si poétique du mariage de Rama avec Sita, l'enlèvement de cette dernière et sa mort causée par la jalousie du mari, sont les meilleures pages de ces poèmes. Le poème érotique *Gelagomiga* décrit les aventures amoureuses de Krischna avec des bergères. Dans un autre poème du même genre, *Tchaomapantchascha*, le héros, qui est un poète, est condamné à mort pour une intrigue amoureuse qu'il a eue avec une princesse. Conduit au supplice, il repasse dans sa mémoire toutes les délices de l'amour qu'il a goûtés, et ne pense nullement que dans quelques minutes sa tête va toucher au glaive du bourreau. Dans un drame relativement plus moderne, *Malati et Madghava*, l'héroïne tombe tantôt entre les mains d'un magicien qui veut la sacrifier à un dieu, tantôt se transforme en une statue de pierre pour ressusciter de nouveau. Les mêmes choses arrivent dans les romans.

Pour un pédagogue peu perspicace ou un savant profond qui déchiffre l'écriture cunéiforme, tout cela n'est autre chose que futilités érotiques et sans importance, stupidement mêlé d'imaginations enfantines.

Cependant ces futilités érotiques se répètent avec une constance étonnante chez les peuples et y sont partout sous la protection de dieux spéciaux ; la femme y apparaît, non seulement comme l'emblème de l'amour, mais encore de tout un monde moral.

Voyez les prières des anciens Perses : dans l'une, qui s'appelle *Yascht*, la foi est représentée « par une belle jeune fille lumineuse, blonde, grande, élancée, avec des seins fermes et droits, d'une allure noble, enfin une beauté parfaite. »

Dans la mythologie égyptienne, Osiris et Isis, les dieux principaux, s'aiment déjà dans le ventre de leur mère ; dès qu'ils entrent dans la vie réelle, ils doivent répandre leur amour contre les méchants génies et ils succombent sous une lutte inégale : Isis recherche toute sa vie le corps d'Osiris enlevé par Typhon et traverse toutes sortes d'aventures et de souffrances. La lutte tragique de l'ancien contre la réalité prosaïque ne nous est dépeinte sous des couleurs plus saisissantes dans aucune autre mythologie ni dans aucun roman moderne.

Il y avait chez les Égyptiens comme chez les Indiens des romans d'amour qui se passaient infailliblement dans « un jardin fleuri » (*le récit du prince enchanté*). Dans « *Cetnao, Hama* et *Ptanéfeique* » nous trouvons une seconde édition, peut-être même une simple variante, du récit biblique sur l'aventure de Joseph avec la femme de Putiphar. Ici également un dieu, Ra, intervient; pour sauver le héros, il creuse entre lui et le vengeur qui le poursuit un lac rempli de crocodiles; enfin la vertu y triomphe en la personne de la jeunesse « vertueuse » créée pour le héros, par les dieux eux-mêmes.

On connaît enfin ces orgies amoureuses qui, selon le rituel établi, avaient lieu dans les temples d'Egypte et de Babylone. Cela ne constitue, pour les savants bornés, qu'un culte éhonté de débauche. Pour un homme non prévenu, ce n'est qu'une exagération du culte de l'amour, enlevé du ciel par des mains impures et traîné dans la boue.

CHAPITRE IV

Nous ne sommes pas encore sortis jusqu'à présent des temps patriarcaux, de cette époque primitive où l'homme vivait et travaillait pour son propre compte, où sa pensée, sa fantaisie, ses sentiments ne rencontraient presque aucun obstacle physique ou moral, où il mettait alors son bonheur dans la possession d'un petit terrain, d'une grasse prairie, d'une source rapprochée, de quelque bétail, où enfin sa conception de la félicité humaine ne franchissait pas les limites de la satisfaction personnelle, de la liberté pleine et entière, de l'indépendance absolue de son action sur les êtres et les choses. Chacun pensait alors et agissait pour soi-même et n'avait personne à instruire. L'esprit et les sentiments planaient dans les hautes régions ; ils n'étaient pas rapetissés ni bornés par un idéal politique ou scientifique officiel. L'homme primitif était une sorte de philosophe indépendant. Il définissait lui-même son culte et se créait une représentation toute personnelle de la divinité, il établissait de même son pouvoir sur sa famille. En un mot, il se suffisait à lui-même.

Lorsqu'on commença à échanger les produits du travail, tout se transforma par suite des rapprochements qui se produisirent entre les tribus et les peuples divers. L'Etat commença à se constituer. Je fais allusion ici à l'apparition de l'argent, inconnu des sociétés primitives. Jusque-là, on n'avait conçu la richesse que sous forme de nombreux troupeaux, de vastes pâturages, de produits agricoles dont la préservation était facile. Dès que l'argent fut connu, il permit d'amonceler de grandes richesses sous un assez petit volume mais dont la garde commença bientôt à devenir difficile. L'instinct de rapine s'éveilla en même temps et des dangers surgirent de tous côtés. Une tribu cherche à asservir une autre et à s'emparer de son territoire. On perd peu à peu la certitude du lendemain. Les conquérants, ces créatures des états futurs, apparaissent çà et là, apportant l'inquiétude et la crainte dans la vie paisible de l'homme primitif. La conception patriarcale du bonheur s'efface devant le nouvel ordre de choses. On pense à préserver ses biens, à s'assurer du lendemain et à amasser des richesses.

L'Etat se fonde définitivement sur la base de l'esclavage : la partie la plus faible, la moins garantie de l'humanité tombe sous la domination de la plus forte, de la plus heureuse, de la plus conquérante.

L'esclave est l'instrument aveugle du travail matériel. Ce joug pesant oppresse tout à la fois le corps et l'esprit. La libre pensée du philosophe primitif est désormais absorbée par l'unique souci de l'existence matérielle, par le désir de l'affranchissement. L'Etat, qui a fait naître le goût de la richesse et de l'épargne, monopolise dans le sein des classes dirigeantes, peu nombreuses, l'œuvre de l'amoncellement des richesses morales, c'est-à-dire les sciences.

La plus grande partie de l'humanité est pour ainsi dire arrachée avec violence à sa méditation et repoussée de la source de la lumière et du bien. En elle, demeurent intacts durant des siècles entiers tous les éléments d'ignorance et d'inertie de l'homme patriarcal, désormais privé de sa liberté et brusquement arrêté dans son essor d'imagination à idéaliser tout ce qui l'entoure. Quant aux classes dirigeantes, elles ne profitent des connaissances acquises qu'autant que celles-ci peuvent leur être utiles pour atteindre leur but, c'est-à-dire la domination du monde par tous les moyens possibles. C'est pourquoi, à mesure que de grands états se fondent, la philosophie et la science deviennent l'apanage de personnes favorisées et isolées.

La déesse de l'amour subit le même sort

que la pensée philosophique. Les intérêts prosaïques de la vie des esclaves ne peuvent lui remplacer l'Olympe perdu. Abandonnée par tous les autres dieux et livrée aux hasards de la destinée, elle crie en vain à travers le monde déchu au milieu des pleurs, des gémissements et du bruit des chaînes. Elle ne rencontre sur sa route que le désespoir, les soucis absorbants de la vie matérielle ou la débauche dégradante et effrénée.

C'est en vain que nous chercherions des traces du culte de l'amour perdu, même à l'époque florissante de la poésie classique des Grecs et des Romains. L'idéal de l'amour comme base de la fraternité n'avait pas de place dans cette nouvelle société. Le monopole de la richesse et du pouvoir dans quelques mains d'une part, et, d'autre part, l'esclavage de la majorité ne pouvaient donner naissance qu'à une législation remplie d'injustices, de violences et poussant au développement de l'ambition, de la prodigalité et de la débauche. On ne doit plus s'étonner dès lors que la littérature de cette époque ne reflétât plus du tout le plus noble des sentiments humains qui, plusieurs siècles auparavant, était l'objectif de l'activité humaine et le but de toute destinée. En revanche, dès que cette littérature se plaçait sur le terrain de la vie pratique, elle prenait forcément un caractère de protestation. La mission principale des grands poètes de la Grèce et de Rome consistait à faire ressortir et à stigmatiser les vices régnants. C'est pourquoi, dans des œuvres immortelles telles que le Prométhée enchaîné, d'Eschyle, l'Antigone et l'Œdipe de Sophocle, l'Odyssée d'Euripide et d'autres, le rôle de l'Amour est joué par la Fatalité qui punit le vice dans toutes ses manifestations, sans même faire grâce à la vertu qui s'égare (comme par exemple Œdipe qui a commis involontairement un inceste).

Aux vices physiques sont opposés des idéals également physiques, et qui ne cessent d'être tels même lorsqu'ils sont décrits sous une forme allégorique. La vie prosaïque empêchait l'essor et l'indépendance de la pensée poétique ; aussi les poètes antiques ne trouvaient-ils rien de mieux que d'utiliser les images si belles, si variées, et aussi tout apprêtées du monde mythologique.

Les grands martyrs de l'humanité : Prométhée qui ose lutter ouvertement avec le terrible Zeus ; Antigone qui, pour venger le droit opprimé, marche hardiment et fièrement au devant de Créon et, bravant sa colère impétueuse, court à une mort certaine; Philoctète qui garde jalousement et fidèlement l'héritage d'Héraclès, les flèches magiques qui doivent assurer la prise de Troie, toutes ces images immortelles ne perdent pas leur signification réelle comme expression des plus grandes vertus : le patriotisme, le sacrifice, la vérité, la justice. Les superbes monologues mis dans la bouche de Prométhée, d'Antigone, d'Œdipe, etc., trahissent la grande puissance intellectuelle de leurs auteurs qui font une guerre acharnée au vice et à la tyrannie. Mais l'amour, expression des sentiments et apanage du cœur, reste à l'arrière-plan, même dans les moments tragiques où l'impitoyable destinée prononce et applique son verdict. On ne peut considérer comme expression du culte de l'amour les murmures voluptueux de la muse ivre d'Alcée, d'Ibicus, d'Anacréon. Seule, Sapho, avec son chant d'une inspiration passionnée, troublait parfois les dieux de Lesbos et rappelait l'âge d'or de la poésie érotique. Mais, en général, les accents du véritable amour olympien se font très peu entendre dans les œuvres de cette époque de la littérature grecque et encore moins dans celles de la littérature épicurienne de Rome décadente, du temps des Tacite et des Juvénal. Là aussi, les plus grands auteurs, qui sont aussi les plus rapprochés de notre ère, Tibulle, Properce, ne vont pas plus loin que de glorifier la vie idyllique et de chanter les sensations voluptueuses. D'autres, Horace en tête, font la satire spirituelle des vices de société. Horace ne s'est pas d'ailleurs beaucoup éloigné de ses contemporains à qui il recommandait cette formule de la vie : « La vie est courte ; prends-en avec transport tous les délires, fuis les soucis, et ne pense pas au lendemain. »

Faut-il ajouter que les géants littéraires de cette époque, les Virgile, les Ovide, n'ont presque rien ajouté au domaine de la poésie lyrique qui est l'expression unique du culte de l'amour.

CHAPITRE V

Toutes ces périodes historiques de naissance, de développement et de décadence des sociétés disparues paraissent bien longues à notre horizon borné et en comparaison avec notre vie éphémère. Et cependant qu'est-ce que tout cela devant l'univers incommensurable dans l'espace et dans le temps, quand, par exemple, la lumière parcourt des centaines de milliers de kilomètres en une seconde et que les distances entre les planètes se définissent par des millions et des centaines de millions de lieues ; quand certaines étoiles apparaissent périodiquement à nos yeux et disparaissent pour plusieurs siècles ?

Semblables à ces comètes, se présentent à moi ces idéals dominants qui apparaissent à la veille de l'éclosion d'une société, puis s'éteignent peu à peu ou disparaissent suivant son développement ou sa décadence pour renaître avec une nouvelle société fondée sur les ruines de l'ancienne.

Ses dix commandements qui nous semblent si applicables à notre vie réelle sont aussi éloignés de nous que le faible reflet de l'aurore est loin du jour éclatant.

Le culte de l'amour, semblable à l'étoile périodique, se développe librement dans les temps fabuleux et s'évanouit tout à fait au premier essai de la formation d'un état.

Mais la décadence de l'empire romain fut aussi l'origine de la naissance de nouveaux peuples. Écrasée peu à peu sous le poids de ses propres vices, Rome disparut de la scène du monde. Après les sévères formules sociales établies par la législation romaine dépourvue d'idéal, on sentait le besoin d'une renaissance morale.

Et alors, au milieu de la désagrégation générale, se fit entendre de nouveau la voix enchanteresse d'Aphrodite oubliée. Le culte de l'amour, après avoir accompli le cycle de son évolution, revint à son point de départ. Ce fut précisément cette étoile merveilleuse qui conduisit les rois Mages à Bethléem vers la crèche de l'Enfant divin.

L'appel céleste de l'amour absolu et constant, de l'amour qui s'étend sur toutes nos pensées et nos actions, de l'amour du prochain profondément dévoué et désintéressé, de l'amour fidèle et indisssoluble pour la femme, en un mot l'appel de l'amour véritable, entier et éternel que proclamait la première parole chrétienne apparut comme le véritable culte de l'amour et remplaça l'épicurisme de la Rome décadente.

Une sorte de nouvelle ère idyllique s'ouvrit, une nouvelle poésie élégiaque et légendaire naquit, semblable à l'époque mythologique des commencements du monde. Mais ce nouvel idéal ne détrôna pas sans difficultés le monde païen. Il vit se lever contre lui un adversaire, une nouvelle organisation sociale qui commença par d'interminables émigrations de peuples, des guerres prolongées et de mutuelles destructions et qui remplit dix siècles de terribles dévastations et de barbarie. C'est pourquoi on ne trouve la floraison complète du culte de l'amour qu'au moyen âge, dans les chants des trouvères et des ménestrels et dans les statuts romantiques de la chevalerie.

L'amour, comme sentiment absolu, basé sur la communauté de deux âmes et trouvant sa satisfaction en soi-même, ne peut naturellement se faire à la réalité prosaïque ni se développer au milieu des cris de guerre, du cliquetis des armes, du triomphe sanglant du vainqueur et des gémissements, des plaintes désespérés des vaincus. Et si Ivanhoé, au milieu de l'ouragan des passions déchaînées, écoute en frémissant la voix tendre de Rébecca ; si le malheureux Raoul, au milieu du carnage de la Saint-Barthélemy, est en proie à une lutte douloureuse entre son amour pour Valentine et son devoir qui l'appelle auprès de ses frères, l'amour perd déjà de sa pureté primitive ; la plus haute félicité de l'esprit se transforme en la plus cruelle des souffrances. Aussi, fuyant le tumulte des passions guerrières, l'amour cherche le repos loin des agitations de la vie et trouve un refuge sur le sommet de la montagne, dans ce château isolé dont sortaient précisément, semble-t-il, les malheurs qui fondaient sur l'humanité pendant le Moyen Age. Là régnaient la sécurité et la gaîté : le chant inspiré de l'amour sortait des lèvres du brave solitaire, du trouvère et du ménestrel qui charmaient les loisirs de la haute société. Là, la femme livrée à la méditation des beautés sereines de la nature et aux délices de la quiétude heureuse cultivait librement en elle cette flamme divine de l'amour qui faisait travailler son imagination et qui, sous forme d'images ravissantes et fantastiques, s'éveillait dans son âme sous le chant inspiré des poètes et des musiciens. L'homme aussi au sein de cette atmosphère poétique et tout en revêtant sa lourde armure pour se rendre au tournoi, se sentait comme élevé au-dessus de la réalité brutale et poussé à de hauts exploits par la douce main de la Sainte Vierge elle-même.

Le culte de la Madone était fondu avec celui de la femme (Minnedienst) en un culte d'amour pur comme le cristal et étranger à toute passion physique.

C'est ainsi précisément que je me représente le mariage indissoluble ; institué par la doctrine chrétienne, le mariage présente à l'humanité comme l'idéal de l'amour serein accompagné d'aspirations voluptueuses et de souffrances physiques, mais qui n'en est pas moins intense. Un tel commerce amoureux, rien que par lui-même, ne permet pas la rupture. Mais l'humanité, soumise à la nécessité de la lutte pour la vie, n'a pu se retenir sur la hauteur de ces tendances idéales. C'est pourquoi, à l'apogée même du culte de l'amour au moyen âge, nous voyons déjà une tentative de compromission entre l'idéal inaccessible et les exigences insurmontables de la réalité. Puisque la cohabitation conjugale absorbe l'esprit et le cœur à cause des intérêts matériels de chaque jour, puisque le souci incessant du lendemain pèse sur toute indépendance de travail intellectuel et limite au minimum les manifestations de la sympathie, était-il possible, dans cette sphère restreinte et tout en observant le devoir conjugal, de trouver une satisfaction dans un sentiment idéal? Telle est la question que l'homme du moyen âge, exalté par le culte divin de l'amour universel, se posait. Et la réponse à cette question est un partage étrange entre les relations des deux sexes. La femme, en livrant son corps à son mari, lui réservait également le temps nécessaire au travail, aux soins du ménage, à l'éducation des enfants, mais elle se réservait la pleine indépendance de l'esprit et de l'imagination, la pleine liberté de l'amour dans son sens le plus idéal. Tout en restant absolument fidèle à son mari, elle en aimait *un autre* de toutes les forces de son âme. Voilà qui paraît bien terrible aujourd'hui que l'amour pour *un autre* reste très rarement sans infidélité physique. La femme du moyen âge avait son chevalier à qui appartenait son amour, mais un amour immatériel, sans aucun mélange de sensualité et qui s'exprimait seulement par des pressions de mains, des saluts aimables, des visites à l'occasion de tournois ou autres solennités, quelques baisers et même des étreintes platoniques. Il faut se rappeler que le chevalier était souvent élu pendant un tournoi, alors que la visière baissée de son casque ne permettait pas de voir son visage et que son nom était souvent inconnu. Les questions de beauté et de naissance restaient donc au second plan. La femme puisait en lui le courage, la force, l'abnégation, la vertu, en un mot tout ce que ne pouvaient dissimuler la visière et la cuirasse. Il va sans dire que le mari « légitime » ne se formalisait aucunement d'un culte aussi platonique et qui permettait si peu de démonstrations extérieures. D'ailleurs, il était souvent lui-même le chevalier d'une autre dame, et dans les mêmes conditions. Les compromis étaient d'une réciprocité absolue. La distinction entre les droits du mari et de l'amant était fort bien observée et ces deux sentiments parallèles prirent droit de cité dans les mœurs de cette époque. Il se tenait même, sous la présidence de reines ou de princesses, des cours d'amour où les chevaliers offensés pouvaient venir se plaindre contre leurs dames lorsque celles-ci ne les avaient pas salués aussi aimablement qu'à l'ordinaire ou n'avaient pas accordé le baiser mérité. L'accusée disait, pour se justifier, que la présence de son mari l'avait empêchée d'accomplir ses devoirs envers l'amant.

Nous reproduisons ici une sentence rendue à une cour d'amour présidée par une comtesse de Champagne et conservée dans des documents français sur le douzième siècle.

Il s'agit précisément de la définition des droits du mari et de l'amant. Il s'agit de résoudre cette question : le véritable amour peut-il exister entre gens mariés? Les juges répondirent par la bouche de la comtesse de Champagne :

« Nous disons et affirmons par la présente assemblée que l'amour ne peut étendre ses droits sur les gens mariés. Les amants s'entendent en tout, *naturellement et sans aucun intérêt*, tandis que les gens mariés doivent *par devoir* se supporter naturellement et ne rien se refuser l'un à l'autre.

« Que cette sentence, rendue en toute

sagesse et suivant l'avis de la majorité de toutes les dames présentes, reste pour nous comme une vérité éternelle et immuable. »

» Jugement rendu en 1174 après Jésus-Christ, le troisième jour des calendes de mai, septième assemblée. »

Est-il besoin de faire remarquer que nous ne pouvons aujourd'hui comprendre cette conception originale du mariage, de même que nous ne pouvons admettre même en pensée ces mœurs monstrueuses de l'hospitalité du moyen âge où on laissait ses femmes et ses filles à la disposition de ses hôtes?

CHAPITRE VI

Écrivant pour des lecteurs instruits, je crois inutile d'entrer dans de longs détails historiques qu'ils ont appris à l'école ou depuis par la lecture. Je ne passe donc en revue que les époques entières ou des phénomènes isolés qui peuvent servir à éclairer ma pensée fondamentale qui est celle-ci : l'amour est le moteur unique et réel de notre vie ; tout ce qui est en dehors des intérêts grossiers et quotidiens de l'existence : la religion, la morale, la beauté, la vertu, la vérité et la justice se résument dans ce principe. Ce culte qui embrasse tout, se manifeste à une époque donnée, non seulement dans la religion et la littérature, mais encore dans la vie de tous les jours. Les époques classiques, outre une mythologie érotique et une littérature correspondante, avaient aussi des temples nombreux et des solennités consacrées à l'amour. Nous voyons le même fait se produire au moyen âge. Le culte de la Madone s'identifie avec l'amour chevaleresque et ces deux manifestations trouvent leur plus haute expression dans une riche littérature.

La conclusion de ceci est facile à tirer. Là, où ne se fondent point ensemble différents idéals élevés, le véritable amour n'existe pas. Je n'ai présenté au lecteur que le côté idéal de l'amour au moyen âge.

Mais quel investigateur oserait affirmer avec assurance que la femme conservait alors un équilibre absolu entre les deux devoirs qui divisaient sa vie? Instruits par l'expérience moderne, certains d'entre eux doutent même du platonisme au moyen âge. Je ne discuterai pas sur ce point.

Il serait d'ailleurs très difficile de tracer sur une étendue de plusieurs siècles une limite exacte entre l'époque de l'amour absolument abstrait et celle de la renaissance anacréontique. En revanche, les monuments littéraires du moyen âge où l'amour a trouvé un sûr refuge après un long vagabondage dans les châteaux isolés et sur les grandes routes au milieu des trouvères, prouve que la conscience de la primauté de l'amour a soutenu une lutte tenace et a longtemps résisté à l'influence du nouveau régime social qui se préparait.

Dans les premiers écrits des poètes italiens, Guinicelli, Orlandi, Cavalcanti, Frescobaldi et d'autres, l'amour nous est montré comme l'élément principal de la vertu, de la justice et de la vérité. Ils l'élèvent jusqu'à la hauteur d'un idéal inaccessible, l'exaltent et lui adressent des prières. Guinicelli dit que le sentiment de l'amour élevé n'est pas accessible à tout homme mais seulement à celui qui a le cœur noble : (Al cor gentil ripara sempre amore). Orlandi veut connaître le sens même et l'origine de l'amour : « D'où vient et où naît l'amour ? demande-t-il. Où siège-t-il ? Est-ce une substance, un phénomène passager ou simplement un souvenir ? » Frescobaldi affirme : « que l'amour n'est pas tant une passion sensuelle qu'une création de l'intelligence et un idéal inaccessible. Chez Cisir « dona déa » ne nous vient pas des êtres terrestres, c'est Dieu lui-même qui nous l'envoie.

A la suite de cette pléiade de poètes mi-classiques viennent ces géants universellement connus : Dante, le chantre de Béatrice; Pétrarque, le chantre de Laure; Boccace, le chantre de Fiametta. Dante déclare franchement que son inspiration poétique et philosophique lui vient de son amour infini pour Béatrice, que cet amour entretient une communication constante entre elle et son âme. Béatrice n'est pas seulement une femme, c'est le symbole de la révélation divine, de l'idéal chrétien. Sa place est dans la phalange céleste qui l'entoure, et les glorifie. Il semble que l'idéalisation de l'amour ne peut aller plus loin. Cependant Pétrarque la surpasse et sa Laure apparaît comme l'identification de la Sainte Trinité. Laure est la source de tout bonheur, de toute félicité, de tous les bienfaits et de tous les bons sentiments de la nature humaine : « C'est d'elle que te vient cette pensée amoureuse qui te suit et qui te conduit au bonheur élevé. C'est d'elle que te vient ce noble courage qui te conduit vers les cieux par le droit chemin. »

Moins divine et plus rapprochée des déesses anacréontiques (c'est pourquoi probablement elle inspira l'opérette moderne) apparaît Fiametta, l'étoile de Boccace. Elle est déjà d'un degré plus bas que Laure et Béatrice. Et dès ce moment, le culte de l'amour ne s'élève plus jamais, selon l'expression de Dante, jusqu'à la hauteur des cieux où règne la lumière pure, la lumière éternelle de l'intelligence et de l'amour du bien.

Si un poète de notre temps osait élever l'idéalisation de l'amour jusqu'à une hauteur aussi fantastique, avec l'espoir d'entrer au panthéon des chantres classiques, il serait accueilli par un rire universel et ce serait toute sa récompense.

Nous étions tout à l'heure sur une très grande hauteur ; pour y atteindre nous avions été obligés de nous frayer longuement une route à travers des chemins oubliés, abandonnés, au milieu des tombeaux et des ruines. Mais une fois là, nous étions récompensés de notre peine par la vue d'un spectacle éblouissant : celui de la véritable félicité de l'esprit universel devant lequel s'efface tout notre bonheur moderne.

Mais, hélas ! à mesure que nous descendons de ces hauteurs, l'étoile éblouissante de l'amour s'éloigne de nous et arrivés au bas, nous ne voyons même plus son dernier reflet sur le fond morne du ciel. Déjà en plein romantisme du Moyen Age on remarque une réaction naturelle contre cette conception exagérée de l'amour et l'aventurisme de la chevalerie. La satire chasse peu à peu le pathos de la poésie lyrique et le caractère fabuleux des sujets romantiques.

L'inaction orgueilleuse, la destruction mutuelle et le manque de développement intellectuel des classes féodales leur devient funeste et elles cèdent peu à peu devant l'influence morale et matérielle des citadins, ces pionniers du progrès social.

Le château poétique et la vie insouciante sont abandonnés. Les trouvères disparaissent avec leurs charmantes ballades et reculent bientôt jusque dans le domaine de la légende. Le roman de chevalerie qui les remplace est le dernier écho des tournois et des fêtes seigneuriales depuis longtemps abolis. Finalement, l'image lumineuse de l'amour au Moyen Age est remplacée par les caricatures de Don Quichotte et de Ulrich von Lichtenstein.

Nous nous trouvons de nouveau devant un tableau de ruines, non moins poétique que celui qui nous était offert sur la hauteur dont nous sommes descendus. L'amour chevaleresque, si charmant, si élevé par son sens même, est enterré à jamais sous les ruines de la féodalité.

Aussi quand la nouvelle société est bien

établie, que la centralisation de l'Etat, poussée à son extrême limite, permet à son chef de prendre cette devise: « L'Etat c'est moi » et que les derniers et peu nombreux représentants de l'âge disparu apparaissent comme des valets de Louis XIV, toute la brillante série des écrivains qui illustrent ce siècle : les Corneille, les Racine, les Molière, les La Fontaine, se présentent à nous comme absolument dépourvus du sens de l'amour idéal.

Les progrès du pouvoir absolu s'étendent sur toutes les manifestations de la vie sociale : il a à son service, non seulement le reste de la féodalité indépendante récemment tombée, mais aussi la poésie elle-même qu'elle soutient et pensionne. La protection de l'art par les Mécènes a atteint sous Louis XIV son plus grand développement. La vie moderne, pratique et mesquine commence. N'étant pas encore devenue la propriété de l'histoire, elle se caractérise elle-même par le sens railleur qu'elle donne à ces mots si significatifs : classicisme, romantisme, sentimentalité, et qui dans sa pensée se traduisent ainsi : « Oh ! combien devaient être insignifiants et ridicules ces gens qui cherchaient une satisfaction morale dans des aventures érotiques et dans une contemplation poétique ! »

Pour résumer ce que nous venons de dire nous ne croyons pas exagérer beaucoup en énonçant la formule suivante : Le développement et l'épanouissement du culte de l'amour est en raison inverse des progrès de la centralisation du pouvoir. On pourrait nous faire l'objection suivante : « Votre formule prouve tout simplement qu'en réalité la plupart des hommes peuvent se passer d'amour toute leur vie, ce qui est d'ailleurs préférable, ce sentiment mettant presque toujours une divergence entre les inclinations personnelles et les devoirs du citoyen. »

Je ne le nie point, et je réponds : « Par castration aussi, et encore plus définitivement l'homme se délivrerait de l'attraction sexuelle ; il n'en commettrait pas moins le meurtre de son ame et do son corps autrement dit un suicide. » De là aussi proviennent toutes les désillusions pénibles, tous les malheurs civiques et nationaux qui se manifestent périodiquement par un pessimisme meurtrier et un scepticisme dissolvant.

— Quel est le but de notre vie ?

Telle est la question que nous nous posons sans cesse.

— C'est pour aimer, jouir du bonheur de l'amour, accomplir ses ordres, répond la nature. Ce bonheur est précisément le but de notre vie. Ce n'est pas ma faute s'il ne trouve pas de place dans vos cœurs remplis d'ambition, de vénalité et des soucis du lendemain, toutes choses que vous avez artificiellement créées.

J'ai fini d'exposer et d'examiner le côté philosophique de la question.

Tout ce que j'en ai dit était pour bien établir le sujet que nous traitons sans le surcharger d'érudition. Si j'avais entrepris d'appuyer mes démonstrations par des citations correspondantes et par un récit détaillé des faits, ce travail eût pris des proportions volumineuses. Je laisse cette œuvre à faire aux compilateurs patentés qui se font une grande renommée par l'escamotage habile de la pensée des autres. J'ai fourni le canevas, à eux d'y broder les dessins les plus variés.

SECONDE PARTIE

PSYCHOLOGIE DE L'AMOUR

CHAPITRE VII

Qu'est-ce que l'amour? Quelle en est l'origine et où siège-t-il dans l'âme ou dans l'organisme humain? Est-ce une substance, selon l'expression d'un poète italien? Est-ce un simple sentiment ou bien « une création de l'esprit », selon l'expression d'un autre poète?

Vous pouvez mettre ces diverses questions en concours avec une haute prime comme récompense : celle-ci vous restera.

Avant de donner une réponse satisfaisante, il faut définir ce qu'est le sentiment, *en général*, comment il se manifeste chez l'homme, parvient à sa conscience, se transforme en mouvement, etc.

La psychologie, en vérité, trouve facilement une solution à ce problème :

Après s'être représenté assez vaguement la structure du système nerveux, elle se croit sur un terrain assez solide pour parler avec assurance des facultés spirituelles de l'homme, en faire toute une classification de diverses fonctions indépendantes et séparées, bref, procéder là comme en pays conquis.

Vous trouvez dans n'importe quel traité

de psychologie toute une série de chapitres : d'abord celui qui traite spécialement de l'âme et de ses différentes fonctions : la volonté, la conscience, la sensibilité, l'attention, la réflexion, l'intelligence, l'esprit, le raisonnement, etc. Mais vous cherchez en vain une base réelle à toute cette classification ou tout au moins un rapport logique entre ces diverses fonctions. Tantôt le maître du corps est l'âme qui dirige directement la volonté; tantôt, au contraire, c'est la volonté qui prédomine sur l'âme, l'obligeant, par exemple, à se concentrer sur un sujet donné pour provoquer la force de l'attention.

Nous n'avons *positivement* qu'une seule connaissance, basée sur une expérience indiscutable : c'est que le système nerveux est le principal, peut-être même l'unique facteur de toute notre activité psychique, que cette activité a pour origine les centres cérébraux (c'est-à-dire la moelle épinière et le cerveau) qui se relient d'une part avec la sensibilité périphérique de notre corps et, d'autre part, avec les muscles au moyen de deux espèces de nerfs : les sensitifs et les moteurs. La seule dénomination de ces nerfs nous apprend que les premiers transmettent nos sensations aux centres nerveux, c'est-à-dire, les font parvenir jusqu'à notre conscience, et que les seconds transmettent les impulsions nerveuses de l'intérieur à l'extérieur, en contractant nos muscles et en provoquant des mouvements correspondants.

Nous savons aussi, enfin, que les sensations transmises par les nerfs n'arrivent pas toutes au cerveau, ne deviennent pas conscientes : ces sortes de sensations et leurs mouvements correspondants s'appellent réflexes et sont involontaires.

Voilà tout ce que nous savons de *positif*. Nous avons devant nous l'esquisse générale de l'appareil nerveux, mais c'est tout. Quant à la série infinie des phénomènes obscurs qui s'y rattachent et dont nous établissons le siège dans l'âme, nous en connaissons à peu près le mécanisme, mais nullement le sens intime.

Sauf donc le fait indiscutable de la dépendance de ces phénomènes et d'un intermédiaire appelé système nerveux, nous n'avons aucune autre donnée précise sur laquelle on se puisse baser. Ce n'est pas en donner une explication que de dire, par exemple, comme le fait la psychologie, que les phénomènes spirituels dépendent de la quantité de force nerveuse qu'emmagasine le cerveau et qu'il dépense.

Puisque là conception même de l'énergie nerveuse, de l'activité cérébrale et en général de la destination de chaque partie du cerveau ne sont que des hypothèses arbitraires basées sur l'analogie de ces différents phénomènes avec un accumulateur et un courant électrique, etc., etc., nous pouvons toujours, par analogie, comparer le système nerveux à un violon.

On sait que les mêmes cordes peuvent rendre des sons très différents, qu'au moyen de certaines combinaisons on peut jouer sur le même violon un air tendre, un galop effréné et une touchante élégie.

Le système nerveux, composé de fibres et de masses nerveuses, transmet à notre conscience les états les plus divers de notre organisme. En ce qui concerne le violon, nous savons que les phénomènes musicaux qu'il produit sont en dehors de son essence, que cet instrument n'est qu'un intermédiaire vibrant qui transmet les ondes sonores à notre appareil auditif.

La corde en elle-même ne joue donc qu'un rôle passif; le système nerveux également; sa structure matérielle ne peut avoir de signification qu'au seul point de vue de son bon fonctionnement, comme conducteur de certains phénomènes et non comme producteur de ces phénomènes. Ayant maintenant séparé le système nerveux des phénomènes moraux qui s'y attachent comme le violon des phénomènes musicaux qu'il traduit, la question n'en reste pas moins pendante : en quoi consiste, en somme, l'essence des phénomènes dont nous parlons?

Tous nos malentendus psychologiques ne proviennent évidemment que de la séparation artificielle que nous établissons entre les phénomènes moraux et tous les autres. Nous ne voulons pas avouer que les phénomènes qui s'effectuent par l'intermédiaire de notre système nerveux se trouvent en dehors de nous comme la flamme de la bougie est indépendante de la bougie, la mélodie de l'instrument, que tous ces phénomènes ne sont en nous que le reflet d'une harmonie universelle extérieure.. C'est pourquoi, nous trouvant soumis à une action réciproque et constante des phénomènes extérieurs, nous sommes dans l'impossibilité de tracer une limite exacte entre ce qui se rapporte à la sphère des lois générales et ce qui est la propriété particulière des organes de nos sons.

Nous disons par exemple que la lumière parcourt environ 75,000 lieues à la seconde et le son 340 mètres.

Nous en jugeons d'après le temps qui s'écoule entre la production de la lumière et du son et l'impression qu'en reçoivent nos sens. Mais qui nous prouve que ce que nous appelons la vitesse de la lumière ou du son ne définit pas uniquement la vitesse de l'impression de nos sens et que la lumière et le son ne sont soumis ni au temps ni à l'espace. Il nous resterait peut-être alors à conclure qu'il n'existe, en réalité, ni temps ni espace.

Si nous voulons nous placer à ce point de vue, il faut d'abord se résigner à n'attribuer aucun sens aux phénomènes moraux qui se passent en nous ; puis, rejetant tous les lieux-communs des savants officiels, examiner sans idée préconçue nos divers états d'âme tels qu'ils s'enregistrent au moyen de nos sens et se manifestent par notre conscience.

L'amour se présente comme un de ces états d'âme. La psychologie lui accorde peu d'importance et le range dans la catégorie de ces sensations occasionnelles qui peuvent être ou ne pas être propres à l'homme, qui n'ont pas de fonctions morales particulières et qui portent pour ainsi dire un caractère éphémère.

Tout cela serait certainement vrai si l'on examinait l'amour comme un phénomène occasionnel, tel que la sympathie, par exemple. Il est évident que pour éprouver de la sympathie, il faut qu'elle existe en soi; si l'on n'a pas sujet de l'exercer, elle n'existe pas non plus. De même on n'a pas froid en été ni chaud en hiver. Mais si nous analysons le phénomène de l'amour dans le processus même de sa manifestation, nous voyons aussitôt que si parfois il se trouve chez l'homme à l'état potentiel, une fois provoqué, il prédomine alors sur tous les autres sentiments et règle tout l'organisme.

Prenez n'importe quel état d'âme : par exemple l'ennui, la tristesse, la colère, etc. En proie à l'un ou l'autre de ces divers états d'âme, l'homme se sent oppressé, irrité à un certain degré, mais il possède un antidote contre chacun d'eux ; on peut assez facilement se distraire de l'ennui et de la tristesse et la colère se calme.

Quant aux caractères généraux de ces divers états d'âme, c'est leur durée passagère et la possibilité de leur existence concurremment avec d'autres états. Un homme qui s'ennuie se distrait par la lecture, celui qui est en proie à la tristesse trouve une compensation dans la sympathie qu'il éveille ou dans la prière, etc., etc.

Rien de tout cela ne peut être dit au sujet de l'amour. Non seulement il absorbe complètement l'homme, ses sens et sa pensée, mais il demeure en lui constamment et, s'il n'arrive pas à se satisfaire, il se transforme en une souffrance éternelle qui absorbe tous les autres états d'âme.

Ce n'est absolument pas comprendre l'amour que de le confondre avec ce qu'on appelle la sympathie. La sympathie pour ses parents, ses proches ou ses amis, demande évidemment la réciprocité, mais on peut s'en passer sans souffrir extrêmement ; ce sentiment n'exige nullement une communion constante entre les individus, ne donne pas sujet aux souffrances cruelles de la séparation, et, en général, n'absorbe pas tous les autres sentiments, inclinations et entraînements, tandis que l'amour est précisément cet état d'âme qui absorbe toutes les autres manifestations variées de la sympathie et exigera au besoin le sacrifice de tous les autres attachements de parenté ou d'amitié, etc. L'homme plongé dans cet état et qui ne trouve pas la satisfaction de ses désirs oublie même souvent ses besoins physiques ; sa sensibilité générale semble émoussée ; son esprit ne tend que vers un but : l'objet de sa convoitise. Une distraction extraordinaire le marque d'une empreinte toute particulière de tristesse ou de malaise. Nous avons dit que, demeurant sans satisfaction, cet état se transforme en une douleur aiguë ; nous devons ajouter qu'il se trahit même par une souffrance physique.

Livré à ce sentiment absorbant, l'homme sent plus que jamais son isolement dans l'espace et dans le temps. Il a plus que jamais conscience qu'il n'est que l'instrument des forces de la nature et qu'il est soumis à toutes les influences extérieures. Son cœur, sa poitrine ou tout autre siège imaginaire de l'amour ne sont plus assez vastes pour contenir ce sentiment puissant et fatal qui le pénètre de partout. Vous lui entendez souvent dire : « Mon cœur se déchire, mon âme s'élance, je me sens comme oppressé », et tout cela est vrai ; sa conscience pénètre réellement bien plus loin que la sensation physique qu'il éprouve. Son esprit s'épand au dehors et voudrait embrasser tout l'espace, tout l'univers. Il sent vaguement ou instinctivement que la passion qui le ronge n'est que le faible écho de quelque gigantesque et souveraine puissance, qu'il n'est en ce moment qu'un des plus petits atomes de cet infini, l'expression passive de la divine harmonie universelle.

C'est en vain que Roméo supplie sa bien-aimée :

« O ma Juliette ! partages-tu la joie, l'immense joie qui remplit mon âme ? Plus habile ou plus heureuse, peux-tu réussir à l'exprimer ? Peux-tu donner une voix à cette félicité sans bornes ? Alors, que l'air qui nous entoure s'enivre de ton souffle et ne soit qu'harmonie ! que mille accents magiques disent le bonheur d'une entrevue si chère ! »

Et que Juliette lui répond :

« Ce bonheur je puis le sentir, non le rendre. Sa réalité lui suffit ; il est plus riche de sa simplicité que d'ornements et de discours. Calculer son opulence, c'est en voir les limites, c'est être pauvre ; les trésors de mon sincère amour échappent aux efforts que je fais pour les saisir et les compter. »

J'ai déjà dit que l'entraînement sexuel n'est qu'une des manifestations des lois générales de l'attraction et de la pesanteur. L'homme en a pleinement conscience malgré l'enivrement où il se trouve plongé, et cela ne fait qu'exalter davantage son imagination. Les poètes n'exagèrent pas du tout lorsqu'ils enveloppent cette action réciproque de l'esprit et de la force naturelle d'un mirage étincelant qu'ils décrivent avec des images extra-terrestres, de magnifiques métaphores et de l'idéal à profusion. C'est seulement en raison de cette analyse complète de l'âme avec la nature que sont possibles ces créations aussi poétiques et aussi merveilleuses que celles de Béatrice et de Laure qui, tout en occupant deux places d'honneur dans le ciel étoilé de l'amour, ne cessent pas pour cela de faire partie de l'humanité.

Le lecteur comprendra maintenant pourquoi je me suis arrêté si longtemps à faire ressortir avec autant de détails le manque de bases réelles de nos connaissances psychologiques. La définition que j'ai donnée de ce qu'on appelle le monde spirituel comme se trouvant complètement en dehors de nous et entrant comme tous les autres phénomènes dans l'harmonie universelle, que notre système nerveux n'est qu'un instrument plus ou moins parfait de réflexion, tout cela ressort avec une netteté particulière dans les phénomènes qui révèlent et accompagnent le sentiment de l'amour.

CHAPITRE VIII

Ils se rencontrent enfin, ces deux êtres malheureux en proie à une attraction invincible qui les rend si ridicules aux yeux du monde pratique qui les entoure. Quelle céleste lumière dans leurs regards ! Quels transports exaltés trahissent chacun des traits de leur visage et chacun de leurs mouvements ! Où retrouverait-on en eux l'empreinte de cette tristesse, de cet abattement qui les caractérisait et cette oppression du cœur, ce brouillard du cerveau qui faisaient tout à la fois leurs délices et leur tourment ? L'univers leur semble plus vaste et ils se sentent plus légers.

Qu'on les raille, qu'on les considère comme des fous, que leur importe ! D'ailleurs, vous qui les raillez, croyez-vous, avec vos cœurs desséchés par le prosaïsme de la vie, accomplir une œuvre plus digne de l'homme que cette communion idyllique avec la nature ! Croyez-vous que vos cages en pierre soient les meilleurs refuges pour la vraie liberté, que vos reproductions artificielles et mesquines de la nature vaillent mieux que la nature elle-même, que le véritable bonheur soit dans l'esclavage du travail, dans la destruction, dans la satisfaction du triomphe, dans l'oppression morale et physique ?

Raillez cette idylle ! Mais sachez qu'avec

tous les mensonges et toutes les infamies de votre civilisation, vous n'atteindrez jamais à la hauteur, à la noblesse de sentiment, à l'abnégation que la charmante et bonne déesse de l'amour met à la place de vos lois ! Voyez donc comme ces amoureux, ces fous, se soucient peu du lendemain ! Voyez donc comme chacun de leurs désirs, chacune de leurs actions sont imprégnés de bonté et de pitié ! Combien ils voudraient voir le monde entier aussi heureux qu'eux-mêmes, et jouir de la même quiétude d'âme ! Ils ne refusent aucune aide, aucun service. L'amour nous rend non seulement heureux, mais encore bons et libres. La véritable liberté ne consiste pas à avoir certains droits et certains privilèges, ni dans l'affranchissement partiel de notre corps et de notre esprit, mais dans la communion constante de notre âme avec sa source directe : l'harmonie universelle.

La tendance générale qu'éprouvent les amoureux à se rapprocher de la nature, à rendre l'herbe, les fleurs, les nuages témoins du bonheur qu'ils partagent avec l'être qui leur procure une sensation esthétique, démontre que ce sentiment ne se contente pas seulement d'une action physiologique. Qui de nous, dans des circonstances analogues, ne se sent capable des exploits les plus fantastiques, du dévouement le plus parfait, du désintéressement le plus absolu, d'une indulgence universelle qui ferait pardonner les plus cruelles injures?

Ce sont précisément ces propriétés toutes particulières de l'amour qui le rendraient susceptible d'être la base de la religion la plus humanitaire. Les théoriciens ont beau discuter à perte de vue et écrire de fort belles choses sur les devoirs altruistes de l'homme, leurs prédications restent sans effet au milieu du brouhaha retentissant de notre vie égoïste. L'amour seul, ce sentiment vivifiant et qui éteint toute colère, est capable de réaliser les rêves sociaux et humanitaires les plus exigeants.

Mais, hélas! y en a-t-il beaucoup parmi nous à qui soit échu ce don magnifique dans sa pureté primitive? L'amour moderne, enfermé entre quatre murs de pierre, n'est qu'une faible illusion de cette communion de l'âme avec la nature où il trouve son véritable bonheur. Étreint par les convenances sociales, tremblant de voir entrer dans sa sphère un seul indiscret, d'éveiller des sourires narquois et des critiques malicieuses, il se cache soigneusement dans l'alcôve. Cet amour se borne involontairement à l'union des corps, à la volupté physique. Il ne se manifeste moralement que par des rêves irréalisables, des serments d'amour éternel et par une grande lassitude. Car, si bien que vous fermiez votre alcôve, vous n'en voyez pas moins autour de vous mille objets qui vous rappellent les misères et les tristesses de la vie, les exigences de la société. Tous ces éléments étrangers ont libre esprit, flottent avec insistance autour de vous et vous oppriment; le pur cristal de l'amour se ternit bientôt de toutes les laideurs de l'existence prosaïque. Les plus tendres expansions sont empoisonnées par des soucis d'argent, les serments de fidélité éternelle ne vont pas sans une arrière-pensée suscitée par les inquiétudes pour le lendemain.

Écrasé sous le poids de l'indifférence humaine et des convenances sociales, l'amour ne cesse cependant de rêver l'infini ; il le cherche dans diverses distractions : le théâtre, la musique, la lecture, et souvent dans la plus folle débauche. Les Chinois disent que la musique est la langue de l'amour ; j'ajoute que la beauté en est le miroir. La musique et l'amour sont les deux éléments uniques qui nous tiennent lieu d'intimité avec la nature, ce qui est devenu impossible avec notre organisation artificielle. Ceux qui ne goûtent pas la musique ni les œuvres d'art ne possèdent pas une âme aimante ; ils n'ont jamais connu les délices de l'amour ; ce sont ceux-là qui le critiquent le plus, et ils sont les plus nombreux.

Je viens de représenter du mieux que j'ai

pu, en me basant sur ma propre expérience et en mettant à profit les communications dont m'ont honoré mes lecteurs et mes lectrices, ce que j'ai appelé plus haut l'état d'amour. Tout le monde comprendra qu'il est aussi difficile d'exprimer cet état par des paroles que d'imaginer des sons musicaux uniquement par des notes. Ce sont des choses qu'il faut sentir. Les paroles et les signes ne peuvent que rappeler à l'homme un bonheur qu'il a déjà éprouvé et l'aider à s'orienter dans les différentes phases de l'entraînement inconscient qu'il subit.

CHAPITRE IX

Une question encore plus difficile à résoudre que la précédente est celle-ci : Comment naît en nous le sentiment de l'amour? Sous quelles influences s'établit la mutuelle attraction des sexes?

Des milliers de romans et de récits et des millions de vers ont pour unique thème l'amour. Ce qu'on appelle les belles-lettres, la poésie, les œuvres d'art de tous les siècles ont été inspirés par ce seul sentiment. Toutes les tentatives faites pour remplacer dans la littérature ce principe par un autre qui répondît d'une façon plus pratique à l'idéal de la vie n'ont eu d'autre résultat que de fausser le goût littéraire et de faire produire, au lieu d'œuvres artistiques, de froides dissertations, des thèses scientifiques, d'ennuyeux débats, des prédications naïves, etc. Dans ces diverses productions, la place de l'amour était occupée par une inflexible destinée pseudo-classique, hérissée de sentences altruistes, de statistiques, de foudres en carton d'un intérêt plus que médiocre et d'un effet déplorable.

Ces tentatives, heureusement, ne furent pas nombreuses. Le cœur, desséché par les calculs matériels, allait toujours comme auparavant chercher le repos dans un tendre roman d'amour ou dans un drame attrayant ou encore dans des vers lyriques qui arrachent l'esprit aux sombres préoccupations de la vie quotidienne. Le spectacle d'une tragédie sentimentale arrête le rire dans la gorge chez les natures les plus mercantiles. Le bourreau lui-même, prêt à faire tomber une tête au premier signe, verse une larme chaude sur le malheureux sort d'Ugolin. Une opposition aussi nette entre le caractère de la littérature, du théâtre, de tous les arts en général et les intérêts de la vie, rend ces excitations morales nécessaires pour faire triompher les premiers sur les seconds.

Il semble donc qu'il suffirait de réunir tout ce qui a été écrit, ou même d'ouvrir n'importe quel livre d'un écrivain de talent pour trouver à la question posée au commencement de ce chapitre une réponse nette et catégorique. C'est ce que j'ai tenté de faire. Mais, hélas ! malgré tous mes efforts, je n'ai pas trouvé cette réponse.

« Videre et piacere », voir et plaire, voilà tout le fond psychologique des milliers de romans, de drames, de poésies que nous ont légués les trouvères provençaux. On ne peut dire qu'ils aient fait du sujet une analyse très philosophique ni même rigoureuse. Pour s'aimer, il faut certainement se voir et se plaire. Mais comment se forme dès le commencement le processus même de cette attraction mutuelle ? La science moderne qui sait tout s'est attaquée à la question. La psychologie a bientôt rendu les armes avec modestie, cependant que la physique et la physiologie essaient encore de trouver une analogie entre les phénomènes de l'amour et ceux du magnétisme.

Dans ces derniers temps on parlait même d'un microbe spécial de l'amour. C'est ce qui montre le mieux le ridicule de tous ces efforts infructueux pour chercher à donner une solution à un problème insoluble. On est allé ainsi jusqu'à mettre en avant l'hypnotisme ; mais ce dernier phénomène n'est pas encore lui-même sorti du domaine de l'hypothèse.

J'espère donc que le lecteur voudra bien ne pas me demander de résoudre cette question insoluble. Je crois pouvoir satisfaire suffisamment sa curiosité rien qu'en m'en tenant à la méthode analytique que j'ai adoptée.

Les représentants des deux sexes se rencontrent dans toutes les diverses circonstances de la vie sociale. Cependant toutes les rencontres ne provoquent pas l'éveil d'une mutuelle sympathie. La première condition pour que cela arrive, c'est qu'un individu ait la faculté de concentrer en lui l'attention spéciale de l'autre. Une simple connaissance, un rapprochement calculé d'avance ne suffisent pas pour marquer le point de départ du processus de l'amour. Quels peuvent donc être les motifs ou les circonstances capables de provoquer cette attention ? Sans aucun doute une particularité morale ou physique que distingue un individu et qui correspond aux goûts esthétiques, aux inclinations morales, aux besoins physiologiques d'un autre. Plus rarement cette attention se produit brusquement par suite d'un ensemble de qualités remarquables, typiques.

Afin d'assurer la continuation de l'espèce,

la nature a pris toutes ses précautions pour provoquer le plus souvent possible des attractions mutuelles entre les sexes. C'est pourquoi, aux époques reculées de notre histoire, les rapports d'amour étant plus libres, les rapprochements étaient plus simples et plus fréquents. Mais l'accaparement de plus en plus complet de l'individu par l'Etat, l'institution du mariage, le code toujours augmenté de conventions sociales ont tellement modifié le caractère de l'homme, amoindri ou déformé ses facultés les plus saillantes, que sa physionomie a cessé d'être le miroir de son âme pure primitive et qu'elle ne représente souvent qu'un masque dur et antipathique. Pour cette raison précisément, lorsque deux êtres de sexe différent se rencontrent, le contraste entre l'extérieur artificiel et les qualités sympathiques dissimulées se montre bien tranché. Un sourire intelligent et agréable sur un visage grave, une expression tendre ou gaie de la physionomie, un geste original, une démarche particulière, un timbre de voix spécial, une certaine façon de rire, la fougue ou la retenue extraordinaire dans la discussion, etc., etc., provoquent souvent l'attention, puis la sympathie et l'affection. Mais de l'apparition de cette sympathie au véritable amour, il y a encore une grande distance. Lorsqu'on dit : « Ils se sont rencontrés et ils se sont aimés », on confond souvent la simple affection avec l'amour. L'amour n'apparaît jamais soudainement dans toute sa force. Comme tous les autres sentiments, il est soumis aux lois de développement et nécessite un long stage.

Je vais entrer maintenant dans la question que je posais plus haut sur les rapports de notre système nerveux avec notre activité morale. J'ai déjà fait remarquer en passant qu'un certain ordre d'impressions et de sensations n'arrivaient pas jusqu'à notre conscience. Un enfant, par exemple, apprend assez longtemps à se tenir seul sur ses pieds et à les mouvoir ; la crainte de se soulever et de marcher sans aide provient chez lui de l'habitude qu'il a de concentrer toute son attention sur ses mouvements. Il oublie peu à peu cette crainte et avec le temps il arrive à marcher, sans intention bien définie, inconsciemment. Il y arrive donc tout simplement par l'exercice. C'est un exemple bien connu. Nous développons nos facultés morales par le même moyen. Des gens bien doués arrivent à accomplir toutes sortes d'actes réfléchis pour ainsi dire sans réflexion. Leur cerveau fonctionne parfaitement sans contrôle. Ce qu'on appelle la présence d'esprit s'explique par le fait d'un exercice constant de la pensée. La plupart des actions, surtout de celles qui appartiennent à la même catégorie, deviennent tellement une *habitude* que les centres nerveux cessent de les transmettre à la conscience et ils acquièrent le caractère de mouvements réflexes. Ainsi un publiciste, constamment occupé à traiter des questions les plus diverses, s'assimile une méthode de réflexion définie, un système d'argumentation défini, etc., et tout le travail que demande la solution de chaque question donnée s'effectue chez lui presque machinalement, sans aucune tension de l'esprit, tandis que l'homme qui n'y est pas habitué doit d'abord concentrer toute la force de son attention sur le côté purement technique de la question, sur la construction grammaticale de ses phrases et des diverses propositions qui les composent ; il lui faut ensuite faire un effort intellectuel encore plus grand pour créer la méthode d'analyse de cette question, trouver les démonstrations, les comparaisons, les analogies, etc.

L'amour appartient précisément à cette catégorie des phénomènes réflexes. L'homme, en s'abandonnant à ses sentiments pendant des heures et des journées, devient peu à peu l'esclave d'un certain nombre d'habitudes qui caractérisent toute une série d'actions analogues. Et comme ces sentiments procurent à l'homme les plus grandes joies connues, les habitudes qu'ils ont provoquées se distinguent par une stabilité intérieure plus grande et par une plus grande intensité. On se sert souvent de cette expression qui n'a rien d'exagéré : « L'homme est aveuglé par l'amour. » L'intelligence qui régularise les actions de l'homme recule au second plan lorsqu'il se trouve sous l'empire de la passion amoureuse, et lorsqu'il se voit contraint à sortir de son état passif à cause « d'un amour indigne ou malheureux », il souffre le martyre, en proie à une lutte terrible, maladive, entre le sentiment et l'intelligence. Ses habitudes enracinées le poussent à vouloir la continuation de l'ancienne satisfaction complète, irréfléchie et béate, tandis que son intelligence lui montre avec entêtement la série d'obstacles avec lesquels il doit compter et cherche à faire naître en lui la révolte de sa dignité offensée ou l'instinct de conservation suivant les cas.

L'issue de la lutte dépend de la force prédominante de telle ou telle impulsion. En tous cas, l'homme sort de cette lutte, moralement abattu et découragé et l'âme meurtrie.

CHAPITRE X

Le désir de plaire (*piacere*) stimule beaucoup l'éveil de l'attention mutuelle. Chez la femme il paraît comme constant, inné, tandis que chez l'homme seulement temporaire, occasionnel. La femme, par suite de la faiblesse de son organisation et de son rôle passif dans la procréation, cherche naturellement à accomplir sa mission, dans les meilleures conditions possible, d'une part, et, d'autre part, à s'assurer la protection du sexe plus fort. Afin qu'elle puisse satisfaire ses besoins organiques, la nature l'a douée d'un très vif désir de plaire qui s'éveille chez elle dès ce qu'on appelle l'âge de raison. C'est un fait connu que les pensionnaires deviennent amoureuses de tous les hommes qu'elles rencontrent, depuis le vieux prêtre jusqu'au jeune professeur de littérature. Le véritable amour n'est pas ici en question, bien entendu, ni même la forme la plus simple de la sympathie. On ne peut voir là qu'une tendance naturelle à attirer l'attention, même par la voie des affections excentriques.

Avec l'âge, le désir de plaire prend un caractère de plus en plus conscient et la jeune fille sent alors un besoin invincible de rivaliser avec ses camarades pour plaire au sexe fort.

De là un goût toujours croissant pour la

parure, la coquetterie et l'habitude définitivement prise d'attirer l'attention générale. Même la femme intelligente pense rarement à la vanité de toutes ces frivolités qui flattent son amour-propre. Longtemps à l'avance, le cœur féminin sent l'approche du bien-aimé et le recherche toujours, infatigablement. Les compliments et les flatteries procurent à la jeune fille un plaisir encore plus intense lorsqu'elle vient de se livrer à un exercice animé comme la danse, par exemple, parce qu'elle sent davantage le vide de son existence et désire ardemment le combler.

L'homme, en raison de son rôle actif et de la conscience de sa supériorité sur le sexe faible, n'a pas besoin de recourir à de tels stimulants pour attirer l'attention. Tandis que la femme constate avec une grande satisfaction d'amour-propre que les regards se fixent sur elle, l'homme passe souvent avec indifférence devant les personnes « les plus intéressantes » et c'est de toute sa hauteur qu'il apprécie leur beauté et la grâce de leur toilette sans penser nullement à leur faire la cour. Chez lui, le désir de plaire ne se montre que dans deux cas : d'abord lorsqu'il a fait un choix et qu'il convoite naturellement l'objet de ses désirs ; ou bien, lorsque, par une sorte de disgrâce physique ou morale, il ne se croit pas digne de la femme qu'il aime.

Maintenant, le désir de plaire chez la femme cesse-t-il lorsqu'elle aime et est aimée ? La réponse est positive pour le cas seulement où la femme a trouvé une satisfaction complète dans l'union accomplie, bref, lorsqu'elle a rencontré son idéal. Absorbée par son amour, elle ne perd pas le désir de plaire mais le concentre uniquement sur celui qu'elle aime. Tous les efforts de sa coquetterie tendent alors au seul but de s'emparer de plus en plus du cœur et des sens de son bien-aimé.

Mais, hélas ! un tel bonheur se rencontre rarement dans notre vie pratique. Gêné par les conventions, il devient vite prosaïque. Aussi la femme, tout en s'abandonnant à sa passion, reste constamment sur le qui-vive. Elle n'est jamais bien sûre de la solidité de ses rapports avec son bien-aimé ! Or, la nature, dans l'intérêt de la reproduction, exige la constance de l'amour. Si cette constance donc n'existe pas nécessairement par suite d'un mutuel amour, l'équilibre est compromis et la femme est reprise du désir de plaire *aux autres*, inconsciemment, et sans intention mais invinciblement. C'est pourquoi nous voyons la plupart des jolies femmes — et pas seulement les jolies — s'absorber à l'excès dans les soins de leur toilette, se livrer avec ardeur aux distraction mondaines, tandis que l'homme aimé est mis au second plan. Cette incertitude du lendemain de l'amour explique aussi pourquoi l'on voit tant de femmes s'entourer d'une multitude d'adorateurs.

L'homme est plus équilibré. Lorsqu'il s'est attaché à une femme, il ne pense plus aux autres pendant un certain temps, et ce n'est que de la femme, de son caractère, de sa coquetterie et de sa tendresse que dépend la durée de l'attachement.

La femme malheureusement éprouve rarement pour l'homme un amour égal à celui qu'elle inspire, et elle n'emploie tous les artifices de sa coquetterie que pour lui arracher le plus de liberté possible. L'homme qui aime, de son côté, ne voit dans la satisfaction des caprices de la femme qu'un moyen de lui exprimer son affection. C'est alors précisément que commence la série des compromis qui font peu à peu glisser la femme sur la pente dangereuse des aventures. L'amour est une chose de sentiment et non d'esprit. La volonté et l'intelligence n'y sont pour rien. Si l'amour, né d'après une certaine combinaison de circonstances, n'arrive pas à ce degré de puissance qui comble tous les rêves et répond à tous les besoins de la femme, une autre combinaison plus forte survient qui donne la victoire au second sentiment sur le premier, et alors la chute de la femme est certaine.

L'homme prévoit malheureusement trop

tard une telle issue ; il n'imagine pas que sa liaison avec la femme aimée, de l'absolu passe au conditionnel. Les plus petits doutes, les moindres soupçons qui s'éveillent dans son esprit et qu'il laisse voir sont accueillis par la femme par des reproches irrités, bientôt suivis de querelles d'abord insignifiantes, qui deviennent graves par la suite.

De là à ce qu'on appelle la jalousie il n'y a qu'un pas, et il est vite franchi.

CHAPITRE XI

La jalousie est un sentiment que tout le monde éprouve et que tout le monde réprouve. Elle a pour base, dit-on, la méfiance que cependant le véritable amour ne peut admettre. Mais éprouver avec une conscience absolue un sentiment donné et le condamner en même temps, n'est-ce pas s'élever contre sa propre faiblesse?

Tâchons d'éclaircir un peu cette contradiction psychologique. D'abord la méfiance est-elle bien véritablement le point de départ de la jalousie ? L'amour ne souffre pas la méfiance, cela ne fait pas de doute. L'amour absolu, bien équilibré par une réciprocité inébranlable et pleinement satisfait, ne peut reposer que sur une affection et une confiance également absolues. Le mot défiance représente un élément de désunion qui doit séparer deux êtres qui s'aiment. En d'autres termes, la méfiance est l'antithèse de l'attachement, tandis que l'amour est comme un ciment qui unit étroitement deux êtres. Parler de défiance, par conséquent, c'est douter de l'existence même de l'amour.

En réalité, dans la plupart des cas, la jalousie n'est que l'expression aiguë de l'amour exalté sous l'influence de doute, de mauvaise humeur, d'irritation, de souffrance enfin, et non la méfiance proprement dite qui exclut toute affection.

La méfiance ne naît qu'au moment de la crise aiguë de la jalousie, lorsque le sentiment de la confiance trahie se transforme en une soif de vengeance. L'amour est déjà très atteint et s'efface de plus en plus. On peut parfaitement se rendre compte du développement de la jalousie d'après le drame d'Othello. On voit qu'il lui a fallu des impulsions extérieures très fortes pour tuer l'amour et provoquer sa soif de vengeance : il lui a fallu des preuves convaincantes pour transformer ses doutes douloureux en méfiance, et, dès que cette méfiance a pris consistance, le retour de l'amour est devenu impossible.

Il est donc bien évident que la source de la jalousie n'est pas la méfiance qui n'est que la conséquence ultérieure de doutes non éclaircis et qui s'amoncellent, mais l'*entêtement* avec lequel l'un ou l'autre parti se refuse à sacrifier son amour-propre mal placé, ses préjugés ou ses mauvaises habitudes. Non, dans l'amour harmonieux il ne peut y avoir de place pour des conditions extérieures. Semblable à la flamme, l'amour brûle tranquillement et également jusqu'au moment où son équilibre est compromis. Il suffit du plus léger souffle, de quelques gouttes d'eau pour que la flamme se mette à vaciller. Dans un état analogue du sentiment de l'amour, ce n'est pas la défiance qui envahit l'homme, mais des impulsions d'un ordre supérieur. Dans l'état normal des rapports entre les deux amants, le raisonnement s'efface devant ce sentiment ou lui sert seulement d'équilibre et ne le dépasse jamais. L'homme sent pour ainsi dire comme il pense et pense comme il sent. Voilà pourquoi les actions les plus folles au point de vue pratique paraissent toutes simples aux amoureux.

Aussi, dès que les rapports deviennent tendus, si peu que ce soit, l'équilibre entre le sentiment et le raisonnement se trouve rompu et ce dernier profite alors de sa domination momentanée pour soumettre l'adversaire à ses exigences positives. Une lutte s'engage alors dans le cœur de l'homme et se traduit par cet état vague, douloureux et instinctif que nous appelons la jalousie. L'homme se met à analyser l'être aimé et à s'analyser soi-même, à contrôler chaque parole et chaque action. Nous avons maintenant tous les éléments de la jalousie, mais cette harmonie est fondée, sinon sur un accord complet, du moins sur des concessions réciproques au point de vue des sentiments, des convictions et des habitudes. Si, malgré l'union apparente des âmes, l'homme continue à faire la cour à d'autres femmes et si la femme conserve le désir de plaire à d'autres hommes, l'équilibre sur lequel repose l'amour est forcément compromis. Par suite de certaines compromissions qui refroidissent le sentiment, les rapports se tendent de plus en plus. Lorsqu'on en arrive là, que chacune des parties se laisse librement aller à ses tendances personnelles, une séparation s'établit bientôt entre elles et il suffit du plus futile prétexte pour transformer un désaccord momentané en une rupture définitive.

La franchise et les concessions mutuelles sont les meilleurs préventifs de la jalousie.

L'homme qui n'en est pas capable est un homme sans caractère et qui mérite son sort. Mais dans ce cas, la plus grande responsabilité incombe à la femme. Son désir inné de plaire est la cause prédominante de tous les malheurs si elle ne sait pas le sacrifier à son amour. Il entraîne en général — outre des rapprochements aventureux et salissants autant pour sa propre personne que pour sa réputation — un intérêt trop vif pour d'autres hommes qui la porte à leur être utile d'une façon ou de l'autre, à leur rendre des services, bref à s'occuper d'eux, ce qui porte naturellement ombrage à celui à qui elle est unie et aboutit fatalement à une rupture entre eux. Si la femme trouve en elle assez de sagesse pour résister à ses penchants et rendre en toute honnêteté et sincérité autant d'amour qu'elle en inspire, sa conduite écarte tous motifs de jalousie et de discorde.

Un homme qui aime passionnément prend ombrage du moindre attouchement physique, même permis par les convenances, comme un serrement de main, un tête-à-tête prolongé en voiture, une conversation mystérieuse ou équivoque, une correspondance amicale de sa femme avec un autre homme.

Ici non plus il n'y a pas ombre de méfiance. Il voit seulement dans chacun de ces faits l'introduction d'un élément étranger dans la sphère de ses sentiments et il éprouve la même souffrance que lui causerait toute intervention inopportune dans ses affaires, avec cette aggravation que la personne aimée provoque elle-même cette intervention. La femme qui tient à la solidité de son amour doit ménager cette susceptibilité et éviter dans la mesure du possible de faire naître le soupçon, le doute et l'irritation qui en résulte dans le cœur de celui qu'elle aime, et cela n'est pas bien difficile. La récompense de cette légère contrainte sera la solidité et la durée éternelle de son amour.

Lorsqu'elle exige de l'homme une confiance absolue, la femme cite d'ordinaire celles de ses connaissances qui dans aucun cas ne montrent de jalousie. De belles exceptions existent en effet; mais si nous les érigions en règles générales, le résultat ne serait pas du tout en faveur de cet argument.

Il résulte clairement de tout ce que nous venons de dire que la jalousie est aussi naturelle et aussi juste que l'amour lui-même et qu'elle représente non seulement un état d'âme mais aussi un état physiologique qui caractérise la compromission de l'équilibre dans la réciprocité de l'amour.

Ne pas être jaloux quand on aime n'est possible que dans deux cas :

1° Si l'on a la faiblesse de tomber à ce point sous la domination de l'être aimé que les volontés et les caprices de ce dernier deviennent des lois sacrées et des décisions sans appel.

Cette situation se traduit dans la vie courante par cette expression familière : C'est sa femme qui porte les culottes.

2° Si l'on a assez conscience de sa supériorité et de celle de son amour pour ne craindre aucune rivalité ni aucune influence étrangère.

J'ose croire — et il est probable que la

charmante lectrice sera de mon avis — que la soumission absolue de l'homme est aussi déplaisante pour la femme que la suffisance et l'orgueil outré ; elle suppose toujours un caractère mou et un tempérament apathique, ce que les femmes n'aiment point. L'orgueil outré de l'homme a au contraire pour effet de lui soumettre la femme, et, comme celle-ci n'est pas naturellement portée à la soumission, elle ne s'y résigne qu'à la surface et se rattrape par le despotisme qu'elle montre sous tous les autres rapports.

Les causes de désunion nous apparaissent clairement dans l'un et l'autre cas. C'est en vain que la femme se réjouit de l'absence de jalousie chez son mari s'il existe des raisons suffisantes pour provoquer ce sentiment. La jalousie n'éclate qu'accidentellement, mais elle veille toujours. C'est une sorte de baromètre qui indique les moindres variations de l'équilibre des sentiments réciproques et indique aux deux parties les précautions à prendre pour assurer cet équilibre. Faute de sages mesures et si l'on renferme les soupçons en soi au lieu de chercher à les éclaircir, il arrive bientôt un moment où la réserve et la froideur s'introduisent définitivement dans les rapports. Lorsqu'on en est là, on n'est pas loin de la rupture définitive.

CHAPITRE XII

Il serait, je crois, par trop naïf de prétendre cacher cette vérité que le parfait amour se rencontre le plus souvent (je crains de dire presque exclusivement) en dehors du mariage.

L'amour passionné et surtout constant est un fait si rare dans le mariage qu'on n'en parle jamais qu'avec un sourire sceptique.

Il serait également par trop naïf de vouloir cacher les véritables causes de cette contradiction si étrange.

Examinons-les.

La liberté et l'égalité des partis sont les conditions fondamentales de l'harmonie en amour. (Il ne faut pas oublier que je me place toujours au point de vue de la société moderne.) Or, les lois de la société, en général, et la vie conjugale en particulier ne donnent à personne ni la liberté ni l'égalité absolues des droits. On ne peut donc réaliser ces conditions qu'en dehors des lois qui nous régissent et des convenances sociales; dans ce qu'on appelle l'amour irrégulier.

N'étant gêné ni par les uns ni par les autres, le couple amoureux se donne mutuellement en toute liberté et garde jalousement l'égalité des rapports qui en découlent naturellement. L'amour libre est fondé sur le seul principe du consentement volontaire qui, en prenant fin d'un côté, dégage l'autre de ses obligations.

Voici déjà la première cause.

La seconde se trouve dans l'absence d'intérêts matériels composés ou consentis et qui apportent dans le mariage des éléments de contrainte, de dépendance et finalement de discorde.

La troisième est dans l'impossibilité de conserver longtemps l'attitude prise au moment de la liaison : l'attention invariable, l'empressement mutuel, le souci de la tenue extérieure, la réserve dans l'expression du mécontentement, du dépit, de la mauvaise humeur, etc., toutes choses qui, beaucoup mieux que les stimulants artificiels, conserveraient intacte la fraîcheur, la jeunesse des relations amoureuses et en excluraient la banalité, la routine, la monotonie, etc.

L'homme, en général, livre en même temps que son amour à la femme qu'il aime toute sa vie spirituelle, ses joies, ses plaisirs, gardant pour lui les soucis, les tristesses, les souffrances, les craintes pour l'avenir. La femme aimée jouit de ce bonheur sans nuages comme un voyageur qui ne rencontre que le bien sur sa route et évite même avec intention tout ce qui lui semble mauvais. Plus encore, en échange de l'amour pur et désintéressé qu'elle reçoit, elle communique à l'homme tous ses soucis et ses tristesses qu'il s'ingénie à faire disparaître.

Il semble qu'il y ait là, au point de vue formaliste, une sorte d'inégalité, que la participation aux joies de l'amour devrait être accompagnée de la participation aux ennuis et aux souffrances comme cela a lieu dans le mariage. Mais l'amour idéal ne comporte pas de véritables souffrances, et l'homme étant mieux doué que la femme, il est donc de son propre intérêt d'épargner à sa bien-aimée tout ce qui pourrait troubler la paix et la douceur de leurs rapports. Ce désir est très légitime, et lorsque cet appui matériel ne va pas jusqu'à l'excès, il ne peut être blâmé.

L'amour libre, cependant, peut avec le temps entraîner les mêmes inconvénients que le mariage, et cela surtout à cause des enfants qui peuvent survenir et ne sont pas considérés comme légitimes. Le souci de leur éducation et de la vie matérielle en général, la position nécessairement inférieure de la femme aux yeux du monde, rendent la situation fausse et pénible, ce qui entraîne souvent des tiraillements, des discordes, bref, tous les inconvénients du mariage et encore aggravés par les questions d'intérêts dont il faut plus spécialement s'occuper.

Tout ceci montre la difficulté, mais non l'impossibilité d'atteindre à l'amour complet et durable entre deux êtres suffisamment cultivés pour qu'en toutes circonstances ils restent fidèles à leurs convictions et aux principes généraux de la morale.

CHAPITRE XIII

Avant de passer à la psychologie du mariage, je dois m'expliquer avec un peu plus de détails sur l'idée fondamentale de cette étude.

Ayant jusqu'à présent uniquement parlé de l'amour basé sur l'attraction des sexes et comme l'intermédiaire de l'homme dans sa communion spirituelle avec l'harmonie universelle, j'ai rejeté de parti pris toutes les autres manifestations de la sympathie dont je ne voulais parler qu'après que l'idée fondamentale de cette étude serait bien clairement établie.

Avant toutes choses, je dois signaler un malentendu assez grave qui se produit souvent dans l'application même de ce mot *amour*.

Non seulement dans la vie, mais aussi dans la science (psychologie), on définit par ce mot toute inclination vers les objets qui sont en dehors de nous. C'est ainsi qu'on dit l'amour de Dieu, de la patrie, du peuple, de l'humanité, de la famille, de la musique, de l'argent, etc. L'arbitraire sous ce rapport va jusqu'à définir un certain sentiment, l'amour de soi, par le mot amour-propre.

Tel est mon point de départ.

Toute tendance morale devient consciente seulement lorsqu'elle a en vue un objet bien défini. Tant que la sensation n'est pas devenue concrète, nous n'avons affaire qu'à une fantaisie, qu'à une idée sans objet défini, et cette sensation s'exprime par du plaisir ou du dégoût, de la joie ou de la crainte, etc. Par cette voie, toute tendance se transforme en un état physiologique sans lequel la tendance elle-même n'existe pas. Si nous employons donc ces expressions : l'amour de la famille, de la patrie, etc., nous devons trouver en nous des états physiologiques correspondants. Si nous analysons toutes les variétés de l'amour, nous arrivons à cette conclusion qu'elles ont toutes la même origine et qu'elles se manifestent toutes de la même façon. Cette origine commune est l'instinct de conservation et cette manifestation commune est l'entraînement vers l'objet.

Quant à l'amour proprement dit, sa source est dans le désir de la communion avec l'harmonie universelle et la satisfaction correspondante des besoins physiologiques. Là, l'instinct de conservation n'est pas du tout en jeu.

Commençons par l'amour-propre. A quelles occasions se montre-t-il? Pour la défense des intérêts, des convictions, des opinions, il est suscité par le désir de jouir du fruit de son travail et de sa pensée *personnellement* avec, au fond, une indifférence complète pour le malheur et les intérêts du prochain.

Il n'y a là qu'une intention, un effort de l'homme pour se préserver de toute action extérieure. Nous n'y voyons ni entraînement, ni affection amoureuse pour soi, puisqu'on ne peut éprouver une pareille affection que pour un objet en dehors de soi.

Ensuite, l'amour qui trouve sa satisfaction dans la communion de deux êtres apporte précisément dans leur vie des éléments qui n'existent pas dans cet état dénommé amour-propre. Le véritable amour inspire le désir de faire du bien et de résoudre les problèmes altruistes les plus hardis. A ce point de vue, le mot amour-propre est une antithèse absolue de la conception de l'amour, et il pourrait facilement être remplacé par cette autre locution : l'estime de soi.

L'amour de la patrie se rapproche beaucoup de l'amour-propre et par son origine et par ses manifestations extérieures. Comme lui, il a sa source dans l'instinct de conservation. Pour comprendre toute la force du principe fondamental de cet amour, il faut avoir voyagé à l'étranger. Le spleen qui envahit l'homme éloigné de son pays natal est produit par le sentiment de son isolement, de son abandon, de l'absence de toute protection, de l'ignorance des lieux où il se trouve. La sécurité que l'on trouve dans son propre pays où il semble que chaque morceau de bois, chaque pierre, ainsi que la langue, les lois et les mœurs qui vous sont connus, tout cela vous rassure sur la protection qu'on serait certain de trouver auprès des autorités et des concitoyens et crée un attachement particulier pour le pays natal, c'est-à-dire un entraînement moral qui trouve son expression physiologique dans le sentiment de plaisir que procure la sécurité presque absolue. C'est ce même instinct de conservation qui inspire le sacrifice pour la patrie et fait soulever tout un peuple contre l'envahisseur.

La troisième forme de l'amour a de grandes analogies avec les précédentes : c'est l'amour pour les parents, les protecteurs, les professeurs, etc. Il a toujours pour origine l'instinct de conservation. L'enfant ayant conscience de sa faiblesse et de sa dépendance absolue recherche la protection de ses parents ; son attachement pour eux n'a pas d'autre cause. Avec l'âge, la reconnaissance qui s'ajoute à ce sentiment instinctif lui donne plus de profondeur et le fait paraître plus désintéressé.

L'amour des parents pour les enfants repose aussi sur l'instinct de conservation et est une des variantes de l'amour-propre. Habitués à considérer l'enfant comme une propriété absolue, les parents confondent l'enfant parmi leurs propres intérêts et tiennent à lui pour les mêmes raisons. Entre tous les membres d'une même famille s'établit un lien de solidarité mutuelle qui est la base la plus solide de l'attachement qu'on a en général pour les siens. Les anthropologistes disent que l'amour de l'enfant est inspiré par la nature elle-même, afin que les parents le retiennent auprès d'eux le plus longtemps possible, jusqu'à ce qu'il n'ait plus besoin de leurs soins. Cette supposition est très rationnelle et répond à toutes les observations faites à ce sujet.

Enfin, l'amour de Dieu est la suite naturelle du sentiment de crainte inconsciente que l'homme éprouve devant les forces aveugles de la nature. Il est analogue à l'amour des enfants pour les parents, il repose également sur le principe de l'instinct de conservation.

Il est inutile de nous étendre davantage à vouloir démontrer l'origine de ces autres formes d'amour de second et de troisième ordre : l'amour de la gloire, de la science, des richesses, etc., jusqu'à l'amour de l'humanité.

Le seul amour qui n'entre point dans la catégorie que nous venons d'énumérer est l'amour de la nature. C'est l'expression d'un besoin physiologique immédiat, comme celui de la nutrition par exemple. Ainsi que je l'ai expliqué plus haut, l'aspiration vers la nature accompagne toujours invinciblement les manifestations de l'attraction sexuelle.

Basant sur un principe aussi éphémère que celui de l'instinct de conservation toutes les formes de l'amour que nous venons d'énumérer, on ne leur peut attribuer par conséquent des caractères de solidité particulière. Aussi, dès qu'ils ont perdu leurs formes concrètes, ces divers sentiments passent aussitôt dans le domaine des abstractions et sont alors soumis à l'analyse et à la critique de l'intelligence, ce qui leur fait souvent subir des transformations complètes. Il n'est pas rare de voir le fanatisme religieux faire place à l'athéisme le plus extrême, le patriotisme le plus profond au cosmopolitisme le plus détaché, l'attachement pour la famille se changer en haine, etc.

Seul, l'amour sexuel reste toujours et en toutes circonstances fidèle à lui-même. Aucun despotisme, aucune offense ne peut le déraciner du cœur. Il peut être momentanément refoulé au fond du cœur, étouffé sous la colère, sous le désir de la vengeance et la haine; mais il ne disparaît jamais complètement, à moins d'une transformation complète dans l'organisme ou dans l'esprit produite sous l'influence d'une longue maladie, d'une absence prolongée, d'une forte secousse morale ou physiologique, etc., etc.

On confond souvent l'amour avec les autres sentiments d'affection parce qu'ils ont souvent les mêmes moyens d'expression. Mais les causes premières et générales de cette confusion sont encore un mystère dans l'état actuel de la science. La nature conserve dans tout le processus et l'ensemble de la création une économie si absolue que ses limites ne peuvent être embrassées par notre intelligence bornée. Elle ne supporte point de vide ni d'inaction. La mort elle-même et la décomposition ne sont que le commencement de nouveaux processus vitaux. Tandis que les créations de l'homme ne sont jamais que des transformations d'éléments simples en éléments plus compliqués et destinés à une durée temporaire, celles de la nature sont éternelles; tout phénomène se manifeste en même temps comme ayant une existence intérieure indépendante d'autres phénomènes.

Prenons quelques exemples: la plante qui sert à la nourriture des animaux et l'arbre à la construction et au chauffage de nos habitations vivent, se nourrissent et se reproduisent sans le secours de personne. Nous coupons l'arbre et en faisons du bois mort, et lorsque nous mettons ce bois dans la cheminée nous ne sommes nullement arrêtés par la pensée que nous détruisons la racine d'une forêt entière uniquement pour nous procurer une très petite quantité de chaleur. Or il nous semblerait absurde de couper et de briser les meubles pour les jeter au feu, quoique ces objets aient une destination bornée, nécessitent un entretien ennuyeux et soient condamnés à une stérilité définitive.

Un autre exemple : Un végétarien s'indigne de ce que l'homme se nourrisse de la chair et du sang des animaux. Cette protestation a son origine dans l'instinct de conservation qui sert seulement à nous préserver contre les atteintes portées à notre enveloppe corporelle.

Un végétarien dit judicieusement : Puisqu'il m'est donné de vivre et de transmettre la vie aux autres, de quel droit prendrais-je cette vie à un autre animal ?

Mais la nature se soucie fort peu de la justice et de la générosité. Elle ne nous défend pas plus de nous nourrir de la chair des animaux qu'elle n'empêche ceux-ci de nous dévorer s'ils en ont envie. Nous n'évitons ces désagréments que grâce à notre supériorité intellectuelle, aux moyens de défense que nous avons inventés, etc. Ce qui importe uniquement à la nature, c'est que tous les êtres et tous les objets, quelle que soit leur destination, réalisent leur processus d'évolution ou de développement, qu'ils vivent par eux-mêmes et transmettent leur vie à d'autres. Les végétariens sont donc dans l'erreur de croire accomplir un acte contre nature en mangeant la chair des animaux. La nature elle-même nous indique le genre de nourriture et n'a jamais pensé à nous en offrir un autre puisqu'il n'existe pas de matière absolument élémentaire. La théorie atomique n'est au fond qu'un accommodement entre notre entendement et le mystère de la nature.

Nous voulons absolument réduire les phénomènes les plus compliqués aux principes les plus simples contre toute possibilité, car, même en réduisant à sa plus simple expression la plus petite parcelle de matière, elle restera encore infinie.

L'économie absolue de la nature ne se manifeste pas seulement dans la complexité des êtres et des objets, mais, et avec plus d'intensité encore, dans les adaptations variées d'un seul et même organe pour des besoins différents.

Le mécanisme de la bouche et de la gorge, par exemple, sert également pour la nutrition, la respiration, la parole et le chant. Le mécanisme du nez sert également pour l'odorat, la respiration et l'excrétion du mucus.

En remontant plus loin, des phénomènes apparents aux phénomènes cachés, la même économie se remarque dans le domaine des sentiments. Le même cœur bat également de joie, de désespoir, de colère, de désir, de peur, etc. La nature s'est contentée de douer d'une intensité différente la forme et l'expression de nos sentiments. Une antipathie inexpliquée, par exemple, se révèle soit par une haine déclarée, ou seulement par une irritation marquée, ou une colère sourde, ou un violent mépris.

C'est justement pour cette raison que toutes les formes de l'amour et de la sympathie ne sont que des dérivatifs de l'amour sexuel qui est un sentiment général, absolu, désintéressé et prédominant.

On pourrait encore confirmer cette théorie par ce fait que toutes les fortes émotions morales sont accompagnées d'un mouvement sexuel. Mais cela concerne la physiologie.

CHAPITRE XIV

Quand je lus ce qui précède à un de mes meilleurs amis qui me surprenait dans ce travail, il approuva entièrement les conseils que je donne pour se débarrasser d'un amour malheureux.

Mais il ajouta :

— Vous avez omis de signaler une condition ou plutôt un moyen que j'ai personnellement expérimenté et qui est peut-être le plus sûr ; seulement il doit être accompagné d'un certain travail intellectuel qui selon vous ne peut se concilier avec l'amour, sentiment inconscient et irraisonné.

Cette remarque me frappa beaucoup. Je priai mon ami de me raconter son histoire. Il préféra l'écrire et, quelques jours après, je reçus le récit suivant :

« Mon histoire est des plus ordinaires et elle peut s'appliquer à beaucoup de personnes. C'est peut-être aussi pourquoi il y a beaucoup d'enseignements à en tirer. Je vous la raconterai sans prétention.

Dès ma plus grande jeunesse, je me passionnais à la lecture des romans et des vers à laquelle je consacrais des nuits entières et dont je dévorais un nombre considérable de volumes. Je m'enthousiasmais surtout lorsqu'il était question d'amour, de la souffrance humaine ou des beautés de la nature. Certaines strophes enflammées me faisaient battre le cœur. Je ne tardai pas à éprouver le besoin de faire écho à la prose éloquente et à la poésie touchante que je lisais et je me mis à noircir avec beaucoup de zèle force rames de papier. Beaucoup d'entre nous ont traversé à un certain âge cet état vague d'extase et d'enthousiasme que vous appellerez comme vous voudrez.

Je ne me souviens pas combien de temps dura chez moi cet état d'esprit, je sais seulement que la férule du maître d'école en eut vite raison et que ces illusions d'enfance avaient complètement disparu pendant toute la période de mes études qui peut se caractériser par ces annotations de mes diplômes : Excellente conduite et bonne application.

Je ne négligeais aucune leçon et je les

savais toutes fort bien afin d'avoir les meilleures notes. Jamais je ne perdais de vue le but direct de mes études qui était, selon l'expression positive de mes parents, « de faire mon chemin dans le monde et de leur être utile dans leurs vieux jours ».

C'est vers la fin de mes études que je me trouvai pour la première fois en contact avec les femmes. Les trois mots sacramentels : « Je t'aime » sortirent bien souvent de ma bouche mais non de mon cœur. Ils s'échangeaient au cours de rapports éphémères, occasionnels, qui se dénouaient aussi facilement qu'ils se nouaient. Toutes ces agitations n'avaient pas d'autre cause que le désir de s'amuser plus encore que d'aimer.

La femme, par sa nature même, est très encline à la volupté physique. Moins les hommes cherchent à attirer son attention, plus elle-même les provoque. Il lui faut un cavalier quand ce ne serait que pour se faire accompagner au théâtre et dans les autres lieux de plaisir. Mais messieurs les cavaliers sont fort loin d'être aussi désintéressés que la femme dans ces sortes d'affaires. Courtiser une femme pour le seul plaisir de lui être agréable ne donne à l'homme aucune satisfaction, d'autant plus que cela est accompagné de toutes sortes de désagréments et d'incommodités. Il se montre galant dans le seul espoir d'un rapprochement plus intime. Cela seul peut stimuler son zèle. Tout homme doit l'avouer : s'il lui arrive de danser, c'est pour avoir l'occasion de presser une femme dans ses bras et par cet attouchement de lui enlever une parcelle de son être, un peu de l'arôme de son corps, de sa chaleur, de son excitation physiologique, tandis que la femme danse réellement pour le seul plaisir de se livrer à cet exercice.

Werther lui-même, si idyllique, écrit à un de ses amis lorsque, pour la première fois, il a dansé une valse avec Charlotte et s'est ainsi intimement rapproché d'elle : « Etreindre dans ses bras la plus charmante créature et tourner avec elle comme dans un tourbillon, sais-tu ce que j'en dirai ? que c'est un tel délice que jamais la femme que j'aimerai et sur laquelle il me sera permis d'avoir des prétentions ne valsera avec personne tant que je serai vivant. Tu me comprends, n'est-ce pas ? »

Lorsqu'un cavalier reconduit une dame après un bal ou une soirée, à quoi pense-t-il encore? A un rapprochement intime, soyez-en sûr. Je ne veux pas dire par là : à la possibilité d'une liaison durable. Au contraire. Loin de rechercher un attachement de ce genre, les hommes le redoutent. Leurs instincts sensuels les poussent à désirer la possession d'une femme qui leur plaît, mais sans que cela entrave leur liberté.

Une femme intelligente, soucieuse de sa dignité et qui sait le véritable mobile de l'empressement des hommes, préférerait se passer de toutes les distractions plutôt que d'être l'objet de semblables convoitises.

Quel ennui pour elle, en effet, de voir constamment son plaisir empoisonné par de tels éléments ? Malheureusement toutes les femmes ne sont pas réfléchies et celles qui attirent « les cavaliers », ou bien ignorent le véritable motif de leur galanterie, ou bien ferment les yeux sur ce point, ne prenant dans ces relations et ces distractions que ce qu'elles ont de bon. Mais il est impossible qu'une femme reste dans l'inconscience sur les penchants égoïstes de l'homme, car il ne tarde guère à se montrer sous son véritable jour, et, afin de garder ses privilèges et de continuer à profiter des hommages, elle se voit obligée, qu'elle le veuille ou non, à jouer l'hypocrite, c'est-à-dire à accueillir sans protester les empressements trop marqués, à écouter avec un sourire bienveillant des compliments banaux, à accepter des petits présents sans valeur, tels que bouquets et bonbons, en un mot à encourager les cavaliers dans leurs tentatives de séduction. Mais ce rôle devient quelquefois bien dangereux pour elle et il n'est pas rare de la voir succomber lorsque cette comédie se prolonge trop. Les hommes profitent naturellement de toutes les occasions qui se présentent pour arriver à ce dénouement. Après un bal animé, un souper bruyant, une conversation intime, enfin une circonstance qui exalte quelque peu l'imagination et les nerfs de la femme qu'ils convoitent, ils deviennent plus pressants et remportent ainsi une victoire qu'ils doivent plutôt à la lassitude ou à l'égarement de leur partenaire qu'à l'amour qu'ils ont pu inspirer.

Des milliers de romans et de nouvelles ont été écrits sur des aventures amoureuses de ce genre et bien peu d'écrivains sont sortis de cette sphère étroite.

Je faisais partie de cette glorieuse phalange de charmants cavaliers lorsque j'étais jeune, il y a de cela de nombreuses années déjà. Mais c'est aujourd'hui seulement que je suis capable de comprendre toute la banalité de mon existence d'alors et tout l'équivoque du rôle que je jouais auprès des femmes.

Je puis dire comme Arbénine (1) :

« C'est en vain que je perdis ma jeunesse,

« Auprès des charmeuses perfides.

« Il m'est arrivé souvent d'être tendrement et passionnément aimé ;

« Mais moi je n'en ai pas aimé une seule. »

Il est assez étrange et même injuste d'appeler « perfides » les femmes qu'on trompe. Eh bien, à cette époque j'étais si aveugle que j'allais jusqu'à garder de la rancune contre les femmes qui refusaient mes services, et je les gratifiais de ce mot méprisant : matrone !

(1) Le héros du « Bal Masqué » de Lermontov.

Mais, je le répète, je n'ai pas aimé une seule fois pendant toute cette période de ma vie. Je crois même que je n'en ai nullement senti le besoin. Parfois seulement mon isolement de célibataire qui alternait avec les aventures me faisait rêver d'une liaison d'amour plus durable. C'est dans un de ces moments d'abattement et d'ennui que j'épousai une très jolie femme qui un an après notre union me rendit père d'un charmant enfant.

Comme vous le voyez, il n'y a rien d'extraordinaire jusqu'ici dans mon histoire et il n'y en aura pas davantage par la suite.

Mes nouvelles occupations m'éloignèrent peu à peu de mes anciens compagnons de plaisir. Le temps des aventures était passé.

La routine de la vie ne laissait guère de place aux rêveries poétiques et aux passions.

Tous mes rapports d'époux, de père, d'homme d'affaires se consolidaient suivant les lois et les mœurs établies. Ma vie de famille était considérée comme exemplaire à tous points de vue, et si ma femme et moi rêvions d'y introduire quelques modifications, ce n'était que dans l'augmentation de notre bien-être, l'éducation des enfants, etc.

Cette vie harmonieuse fut subitement troublée par un événement qui doit ou plutôt qui peut arriver à tous ceux « qui ont sottement perdu leur temps au milieu des charmeuses perfides ».

J'avais eu plusieurs fois l'occasion de rencontrer dans le monde une jeune femme qui vivait absolument isolée en raison de l'absence de son ami « qui faisait des voyages au long cours ». Vous devinez aisément que cette jeune femme était intelligente, vertueuse et qu'elle avait toutes les sympathies et l'estime du monde.

Quelques entretiens à cœur ouvert au sujet de ses affaires dont je m'occupais me montrèrent d'abord les difficultés de sa situation matérielle. Puis la froideur de son mari qui était la cause réelle de son isolement nous rapprocha tellement que je m'empressai de lui rendre quelques petits services en différentes occasions.

Je me souviens aujourd'hui que dès le début de notre connaissance je mettais à la servir un zèle qui m'eût paru exagéré même à moi dans d'autres circonstances. Toutefois nos intentions étaient absolument pures. Je n'étais plus capable de faire le Don Juan lorsqu'un sentiment ne me paraissait pas possible, et c'était le cas.

Cependant nos rapports revêtaient de plus en plus le caractère d'une amitié peu ordinaire. Nos entrevues devenaient de plus en plus fréquentes et je commençais à m'apercevoir qu'elles me faisaient prendre du temps non seulement sur celui que je pouvais consacrer à mes amis et connaissances, mais encore sur celui des affaires.

Passer un seul jour sans nous voir était pour nous une grande privation. Nous prîmes alors l'innocente habitude de nous fixer des rendez-vous tous les jours et quelquefois deux fois par jour.

De quoi parlions-nous pendant que les heures s'écoulaient sans que nous en eussions conscience? Je ne saurais le dire maintenant. Nous échangions sans doute les nouvelles du jour, commentions les événements, discutions les nouvelles productions littéraires, etc.

C'est tout? me demanderez-vous, sachant que dans des entretiens même moins intimes avec des femmes le *sentiment* apparaît comme un des éléments principaux et même inévitables de la conversation. Aussi nous ne le négligions pas, mais nous n'en parlions jamais qu'avec une extrême prudence et sous le couvert d'une protestation contre les commérages et les plaisanteries que notre amitié si peu ordinaire faisaient naître. Mais cela n'empêchait nullement ma compagne d'oublier souvent sa main dans la mienne et moi de lui donner des noms tendres et familiers. Ce que je puis vous assurer, par exemple, c'est que ma sympathie pour elle fut longtemps contrebalancée par le souci de mes affaires et mes attaches de famille. J'étais incapable de prendre personnellement l'initiative de sortir de l'ornière et de compromettre l'équilibre de mon ménage. Malheureusement les femmes sont plus faibles dans ces circonstances et le moment fatal arriva où le sentiment trop fort qui se cachait sous le masque d'une amitié fraternelle demandait un dénouement décisif.

Au cours d'un de nos entretiens, elle me demanda d'un air un peu confus de faire avec elle une partie de plaisir dans une ville voisine. Le ton peu ordinaire avec lequel elle me fit cette proposition me parut une provocation et, lorsque je vis une rougeur ardente couvrir son visage, je compris tout.

Savez-vous quelle fut ma première pensée dans ce moment? C'est qu'il allait résulter de tout ceci des conséquences peut-être désastreuses pour moi. Ces petites mains que je venais de presser avec tendresse m'apparurent tout à coup douées d'une force gigantesque et capables de bouleverser l'équilibre de ma vie. J'éprouvais en même temps une vague inquiétude et je sentais trop la banalité de cette situation. Mais j'eus bientôt honte de cette défiance passagère et je voulus l'effacer comme si mon amie eût pu s'en apercevoir. Je pris ses mains d'un élan sincère et les retins longtemps dans les miennes. Elle était transfigurée. Plus j'examinais ses traits, et plus je regrettais le temps perdu. Je compris seulement alors que notre amitié n'était autre chose qu'un amour dissimulé et qu'il avait suffi de soulever le poids volumineux des convenances sociales pour que le sentiment divin s'échappât et se révélât dans toute l'énergie qui lui est propre.

Faut-il poursuivre?... Depuis ce jour il nous devint impossible de nous passer l'un de l'autre. Tout ce qui nous entourait était relégué au dernier plan. Je ne vous décrirai pas comment moi, un homme de seconde jeunesse, en proie à cette passion fougueuse que les poètes ont si éloquemment chantée, je me transformai peu à peu. L'amour prenait sa revanche sur l'homme fait de mes jeunes années gaspillées. J'étais heureux jusqu'à l'ivresse. J'oubliais tout. Je fus donc très surpris un beau matin lorsqu'on me remit une lettre de ma femme me disant qu'elle ne pouvait plus supporter ma conduite qui sortait des limites de toutes les convenances et qu'elle me quittait pour retourner chez ses parents. Elle emmenait les enfants.

Certes, j'étais coupable. Mais il ne me vint pas un instant à l'idée de sacrifier ma passion. L'eussé-je voulu que je ne l'aurais pu. J'envoyai donc à ma femme une lettre larmoyante. Je mettais tous mes biens à sa pleine et entière disposition; mais je la suppliais de me laisser mon amour sans lequel je ne pourrais vivre.

J'étais trop coupable à ses yeux pour lui proposer le divorce. Elle-même n'en parlait pas. D'ailleurs ma bien-aimée (appelons-la Nadia si vous voulez) était trop honnête pour exiger de moi une semblable mesure, surtout envers une femme qui était une malheureuse victime.

Le temps fit peu à peu son œuvre. La nouvelle phase de mes relations avec Nadia s'établit d'elle-même et notre union fut une fête d'amour continuelle, empoisonnée seulement de temps à autre par la pensée de la désunion de ma famille.

Cependant vous me voyez seul aujourd'hui. Vous devez penser que la mort ou quelque autre accident a mis fin à mes relations avec Nadia, enfin qu'il s'est produit un de ces changements inévitables dont le frère Laurent dans *Roméo et Juliette* de Shaskepeare dit avec tant de raison :

« Les amours violentes ont des fins violentes. Elles meurent dans leur triomphe. Elles éclatent comme la poudre frappée de la flamme ; c'est un baiser qui tue... »

Non, ma bien-aimée n'est pas morte. Elle vit quelque part, bien loin d'ici avec son mari ou quelque autre, je ne sais pas... La Rochefoucauld a fait justement remarquer que la femme qui a eu un amant en aura un second, puis un troisième... Vous comprenez le tragique lamentable de cette fin.

Comment le refroidissement survint entre nous, c'est ce que je ne vous raconterai pas en détail. Cela encore est une histoire bien banale.

Je dirai seulement que nos premières dissensions eurent pour cause de nouvelles relations qu'elle noua avec d'autres hommes. Était-elle rassasiée de notre amour ou bien le poison de la routine commençait-il à pénétrer dans notre vie? Je ne sais. Toujours est-il que peu à peu elle reprit le goût du monde, fit de nouvelles connaissances et rechercha ses anciens amis.

Nos tête-à-tête amoureux furent de plus en plus troublés par l'introduction d'éléments étrangers. Les réceptions et les visites l'absorbèrent bientôt à tel point qu'elle ne trouvait plus le temps de venir à mes rendez-vous. Le plus cruel pour moi était l'impatience qu'elle montrait à voir arriver la fin de nos entrevues déjà écourtées, pour recevoir un ami ou se rendre dans une soirée. Un grand vide s'était fait dans son cœur que je ne pouvais combler. En revanche, le mien était toujours plein de tendresse et débordait aussi de rage contenue.

Je devenais irritable et nos discussions assez aigres se renouvelaient de plus en plus fréquemment. Nous avions eu déjà des querelles ouvertes et des ruptures temporaires pendant lesquelles je m'aperçus que je devenais insupportable à Nadia par l'excès de mon amour et mon refus d'accepter le sien dans les conditions où elle me le proposait.

Je ne perdais cependant pas l'espoir d'une réconciliation complète et du retour de son affection passée. Chaque fois qu'elle me montrait une tendresse sincère, les doutes qui torturaient mon cœur s'effaçaient pour un instant.

Mais plus nos réconciliations étaient complètes, plus les querelles qui éclataient ensuite étaient violentes, et un jour la rupture dura plus longtemps que toutes les précédentes.

Ce fut un de ces moments critiques dont un poète de génie a dit dans une poésie si touchante :

« Ils s'aimaient tendrement et depuis bien longtemps

» Avec une passion folle et un profond désespoir.

» Mais, comme des ennemis, ils évitaient de se voir et de se parler ;

» Leurs courts entretiens étaient froids et vides,

» Et ils se séparèrent avec une souffrance muette et fière. »

Dans un entraînement de générosité, ma bien-aimée me proposa, au lieu d'une sotte rupture, « avec une fière souffrance », je ne sais quelle sorte d'amitié platonique avec la promesse de me rendre son amour quelque temps après, quand je saurais supporter sa froideur avec calme et ne pas la « torturer » par mes exigences.

Cela me rappelait une jeune femme qui changeait périodiquement d'amant et qui les gardait tous dans sa suite en qualité d'adorateurs platoniques, et ces imbéciles, sans se douter de l'existence auprès d'elle d'un nouvel amant réel, soupiraient pendant des années, soutenus par le fol espoir de renouer la liaison brisée. Dans le monde, on les appelait « les planètes éteintes », et on blâmait presque ouvertement leur honteuse lâcheté.

Osez parler après cela du manque de confiance et de l'infidélité des hommes.

En proie à un amour invincible, torturé par le doute, il ne sait pas du tout comment il pourrait se défaire de sa malheureuse passion et il espère toujours que la femme aimée voudra bien lui donner une affirmation de son innocence pour lui rendre sa confiance.

Il aurait honte de lui dire franchement : « Trompe-moi, mens, mais de grâce sors-moi de doute. » Et il se raccroche désespérément à toutes les réponses évasives qu'il interprète dans le sens de la fierté blessée devant une accusation sans fondement.

La femme perfide se sert comme d'une arme de ce manque de caractère pour réduire l'homme en servitude. Qui ne connaît de nombreux exemples d'hommes portant depuis de longues années les fameux ornements de la trahison féminine et qui, chaque fois qu'ils veulent protester contre cette honte, se transforment eux-mêmes en accusés ?

Il est très facile à une femme de vous désorienter complètement avec sa logique inconséquente et capricieuse dont les prémisses ne correspondent jamais aux déductions et les déductions aux prémisses.

S'il lui vient par exemple l'idée de vous reprocher toute l'indignité de votre conduite dans certains cas, elle vous prouvera aussitôt comme deux et deux font quatre que vous l'avez offensée gravement et vous forcera à lui demander pardon pendant huit jours.

Si vous lui dites que, trouvant en vous toutes les satisfactions morales et matérielles, elle ne doit pas accepter de cadeaux de gens dont l'empressement auprès d'elle est une injure, elle répondra doucement que c'est rabaisser les relations amoureuses que de les mêler avec les questions d'argent, qu'on le fait dans l'intention d'offenser son sentiment et elle vous obligera de nouveau à lui faire des excuses.

En un mot, chaque fois que l'homme cite un fait et lui met devant les yeux une de ses *actions* à elle, elle s'attache uniquement à faire ressortir une de ses *paroles* à lui, lesquelles ont justement été provoquées par ses actions. La discussion dure alors indéfiniment et s'envenime jusqu'à empoisonner pour longtemps tous rapports amoureux. Je prends exprès des exemples très ordinaires parce que ce sont des futilités quotidiennes et non les grandes catastrophes qui ruinent et détruisent le bonheur.

Tout l'art de la dialectique de la femme consiste dans son habileté à transformer l' accusateur en accusé, et, grâce au manque de caractère de l'homme, elle y réussit presque toujours.

Il est regrettable qu'on n'ait pas noté les discussions des sophistes de profession de l'antiquité avec leurs maîtresses. Il y a tout lieu de croire que les premiers étaient souvent amenés à mettre bas les armes devant leurs adversaires.

Vous pouvez conclure de tout ceci combien il m'était difficile de croire en l'amitié idéaliste de ma maîtresse. Eh bien, en ces circonstances cruelles je me trouvais précisément dans les dispositions dont vous parlez. Le bon sens me démontrait que je devais en profiter pour rompre définitivement. Mais comment? — Par quel moyen y arriver?

Il vous est certainement arrivé de voir comment le ressort brisé d'un mécanisme d'horlogerie se met à tourner avec une vélocité croissante lorsqu'il est déclanché du petit balancier qui le retient. La même chose se produit dans les relations amoureuses, lorsque le sentiment qui en est le ressort est brisé. Celui qui aime encore n'a jamais senti sa tendresse plus exigeante et plus intense. Le cœur est comme gonflé et il bat trop fort comme s'il était comprimé dans une poitrine trop étroite.

Comment sortir de cette situation ?

Que pouvais-je entreprendre de ma propre initiative ? Vous non plus ne connaissez pas de remède à ce mal. Vous constatez simplement le fait et vous vous contentez de proposer divers moyens sans en garantir l'efficacité.

Dans cette circonstance, ne sachant comment agir, je m'abandonnai complètement à mes instincts aveugles. Aujourd'hui c'est presque avec calme que je me souviens du passé et je puis examiner sans parti pris, avec une objectivité abolue, ce que je ressentais alors. Au moment de mes pires souffrances, la tendance que je remarquais le plus en moi c'était le besoin de confier mes chagrins à quelqu'un. J'énumerais dans mon esprit tous mes amis et connaissances, cherchant auquel d'entre eux je pourrais faire la confidence de mon malheur et qui voudrait bien m'écouter avec sympathie.

Mais qui peut dans ce cas vous témoigner le plus d'intérêt si ce n'est une femme ? Sans le vouloir, je me rappelai alors la physionomie aimable et sympathique d'une jeune fille, amie de ma femme, laquelle était un peu au courant de ma situation et compatissait à mes souffrances.

J'allai la trouver et, dès notre première entrevue, je vis qu'elle était très contente de ma démarche. Je pus aussi me rendre compte que les commérages avaient déjà répandu dans le monde tous les détails de mon aventure avec Nadia.

C'était évidemment ma maîtresse elle-même qui n'avait pas cru devoir tenir ses ennuis secrets devant ses amis. Mais il n'y a pas de mal sans bien. Cette circonstance facilitait mon rapprochement avec Maria Petrovna, en sorte que je pardonnai à Nadia son indiscrétion.

Maria Petrovna comprit bientôt ce que je venais chercher auprès d'elle. Nos entretiens devinrent de plus en plus fréquents et intimes.

C'était une nature franche et compatissante. Quand j'étais auprès d'elle en tête-à-tête, je me sentais sous la protection d'un ange gardien et mon cœur bouillonnant s'apaisait. Oh ! que de fois dans la chaleur de ces entretiens sincères nous ne nous apercevions pas que nous nous pressions l'un contre l'autre, que nos larmes se mélangeaient tandis qu'elle passait sa main dans mes cheveux et que je laissais tomber ma tête sur son épaule.

Est-il nécessaire de vous raconter comment le charme de cette nouvelle affection sécha peu à peu mes larmes et comment ce nouveau sentiment en pénétrant mon cœur en chassait peu à peu l'ancien ?

Des jours et des semaines s'écoulèrent sans que j'accordasse une pensée au souvenir de Nadia. Pour vous donner une idée de ce changement je vous dirai qu'un soir en rentrant je trouvai sur ma table une lettre de Nadia et que je n'eus même pas la curiosité de l'ouvrir. J'appris par la suite ce qu'elle contenait. Nadia voyant ma ferme intention de ne plus renouer me demandait elle-même une réconciliation.

Depuis, nous ne sommes plus revus.

Quant à l'histoire de mes relations ultérieures avec Maria Petrovna et avec ma femme, elles n'ont aucun rapport avec la question qui nous occupe actuellement. D'ailleurs le sort a voulu qu'elles mourussent toutes les deux avant moi. »

Ainsi donc mon ami me démontrait que d'après sa propre expérience il y avait encore un moyen de se débarrasser des souffrances d'un amour malheureux. Quant à moi je ne préconiserai pas ce moyen, d'abord parce qu'il n'est pas au pouvoir de tout le monde et ensuite parce qu'il est très hasardeux et susceptible de faire dévier pour toujours un homme de sa voie.

La compassion pour le malheur d'un homme apparaît souvent chez la femme comme un moyen d'intrigue. Il suffit pour en avoir un illustre exemple de se rappeler une des favorites de Louis XIV, madame de Maintenon, qui conquit le cœur du grand roi précisément en montrant une compassion feinte pour ses malheurs.

Ce qu'il y a d'instructif dans l'histoire de mon ami c'est précisément ce fait d'un cœur torturé par une passion malheureuse et qui cherche de lui-même, instinctivement, sa guérison, et qui la trouve si les circonstances sont favorables.

Les moyens à employer ne manquent pas. Tout vaut mieux que l'inertie. Celui qui reste prostré à rêver sans cesse sur son amour perdu est condamné d'avance.

C'est ce qui explique le grand nombre de suicides et de folies par amour qui se produisent si fréquemment.

CHAPITRE XV

Passons maintenant au mariage. Je ne ferai certainement pas l'historique de cette institution. Tout homme instruit la connaît plus ou moins. Il suffit, pour atteindre le but de ces entretiens, de nous souvenir que dans l'antiquité cette institution était un des rouages principaux de toutes les relations sociales.

Le mariage est, d'une part, la source de la population et, d'autre part, le foyer de toutes les vertus sociales et politiques. L'État, dès son origine, a donc pris dans son propre intérêt le mariage sous sa tutelle exclusive. Il l'a entouré de toutes sortes de formalités et a soumis ses membres à diverses obligations, ce qui a créé : 1° le droit et le devoir des parents ; 2° le droit et le devoir des enfants ; 3° le droit et le devoir de toute la famille et de chacun de ses membres par rapport à l'État.

Les causes du mariage, c'est-à-dire les sentiments et les calculs qui guident les intéressés, sont seules en dehors de l'intervention de l'État. Cela ne signifie nullement que ces causes soient libres par leur essence même. Les influences les plus diverses des parents, de la famille, et qui sont purement pratiques, jouent un rôle qui remplace l'intervention de l'État et qui ne laisse pas beaucoup plus libre le choix des deux intéressés. Pas un mariage ne s'effectue sans la pression morale des parents, des tuteurs, des amis, des connaissances, etc., sur l'esprit et les sentiments des futurs époux. Mais l'influence des convenances qui n'ont rien de commun avec les sentiments et les inclinations est plus forte encore que toutes les autres. . .

Tout ce que l'État, par ces diverses mesures, n'arrive pas à atteindre dans le mariage, est achevé par ce qu'on appelle la vie civilisée et par la science même, toujours si impartiale et si bienveillante.

Il suffit de se rappeler que les théories économiques et socialistes les plus populaires sont dirigées dans le but d'enlever au mariage sa personnalité dans un intérêt altruiste et social. Il est facile de se représenter ce que deviendrait le mariage s'il était complètement abandonné à l'économie politique. L'application de la loi de Malthus suffit déjà pour chasser du mariage tout indice de sentiments humains. D'ailleurs la vie pratique avec l'indifférence qui la caractérise divise tous les mariages en deux catégories : les mariages d'amour et les mariages d'intérêt. Dans les mariages de cette dernière catégorie, il ne peut jamais être question d'amour. C'est déjà bien heureux s'il n'existe pas d'antipathie violente entre les deux futurs conjoints. Aussi la psychologie de l'amour n'a rien à voir là-dedans. Ce n'est plus qu'une question d'affaires. Si les deux associés peuvent conserver entre eux l'équilibre des relations amicales malgré toutes les circonstances heureuses ou malheureuses de cette association, celle-ci dure longtemps pour l'avantage réciproque des deux parties.

S'ils ne peuvent établir ou conserver cet équilibre, l'affaire tourne mal et il n'y a plus qu'à régler les comptes et à s'en aller chacun de son côté.

Les époux qui ont le malheur d'avoir des enfants ne peuvent pas aussi facilement dénouer ce nœud gordien. Puis il ne leur appartient pas de régler eux-mêmes les comptes en raison de l'indissolubilité du mariage et de bien d'autres obstacles extérieurs. Je dis donc avec raison que la psychologie n'a rien à voir là-dedans. Et, bien que ce soit contraire aux tendances de la législation et de la sociologie, on ne peut que souhaiter qu'il y ait le moins possible de ces sortes de mariages.

Mais les mariages d'amour sont-ils plus

heureux ? Les époux qui s'aiment effectivement satisfont alors à toutes les exigences de la nature et de la société. L'idée de l'harmonie céleste se trouve ici réalisée et le principe de la procréation satisfait, de même que le travail en commun sous la protection de l'amour et l'exécution volontaire des devoirs exigés par l'État et la société.

Existe-t-il en réalité de ces mariages ? De telles exceptions sont possibles, et même nécessaires. Mais, dans la plupart des cas, il arrive qu'une seule des parties aime réellement tandis que l'autre feint seulement d'aimer. Ainsi se forme et s'établit un mariage tout à la fois d'amour et d'intérêt. Ou bien encore les deux parties se plaisant mutuellement prennent une sympathie éphémère pour un véritable amour. Dans le premier cas, l'amour sincère se trouve en butte dès les premières relations de la vie conjugale avec les parties intéressées qui ont levé les masques, et alors les rapports entre les deux époux présentent toute une série de contradictions pénibles qui se terminent souvent par une catastrophe. Dans le second cas, une froideur réciproque s'introduit bien avant qu'on eût pu le supposer dans les rapports des époux, et la cause à peine voilée de ce mariage, l'intérêt, apparaît bien nettement. Ou bien les époux s'y résignent et arrivent à une entente, ou bien chacun d'eux retourne à son idéal primitif et le mariage se rompt.

J'ai parlé d'idéal. Toute jeune fille de seize ans a un idéal plus ou moins défini. Il est grand ou petit, blond ou brun ; il a des yeux clairs ou foncés, il n'importe ; il va sans dire, également, qu'il est plus beau et plus intelligent que tous les autres hommes et toujours vêtu à la dernière mode. Il chante et danse à ravir. Il est riche aussi peut-être (mais cette dernière qualité, il faut le reconnaître, n'est pas toujours placée au premier plan). Malheureusement le sort ne réalise pas ces rêves de la jeune fille, il la lie le plus souvent à un individu qui a juste les qualités contraires à celles qu'elle rêvait. Il est petit au lieu d'être grand, blond au lieu d'être brun, bègue au lieu d'être éloquent et en place de richesse a des chances médiocres d'arriver dans une carrière passable. La jeune fille a besoin de se marier et le jeune homme fait les plus vives protestations. Elle l'examine de plus près, ne le trouve pas si mal qu'au premier abord et finalement commence à ressentir pour lui une sorte de sympathie. Elle l'épouse et il est au comble du bonheur.

Nous ne sommes encore qu'aux premiers jours du mariage et déjà la jeune femme aperçoit dans sa vie une lacune qu'il faut combler. Le mari ne pensant qu'à satisfaire tous les désirs de sa bien-aimée épie sur son visage les plus légers nuages de tristesse et d'ennui : il fait tout au monde pour les dissiper. Il lui procure toutes sortes de plaisirs et de distractions, l'entoure de société, la mène dans le monde, la conduit au théâtre, dans les restaurants à la mode, lui présente des amis célibataires qui lui font un cortège partout où elle va, en un mot, éveille inconsciemment chez elle le désir de plaire. Qui peut répondre qu'au milieu de si nombreuses et si diverses compagnies, la jeune femme ne rencontrera pas son idéal de jeune fille, cet idéal si longtemps caressé dans ses rêves, et que celui-ci, se voyant distingué, n'aura pas la pensée d'en profiter?

Que s'ensuit-il généralement? L'infortuné mari pourrait vous le raconter lui-même dans un entretien intime, ou bien vous apprendrez par la voie des journaux que ce même mari a comparu devant un tribunal pour répondre du meurtre de sa femme ou être condamné à lui servir une pension alimentaire parce qu'elle l'a quitté.

Mais quelquefois aussi il arrive le contraire. La femme devient amoureuse jusqu'à la folie et sa passion ne fait que croître. L'homme ayant démasqué le véritable mobile de son mariage supporte cette situation avec humeur et en exprime son impatience. Ce sont alors des scènes de jalousie qui deviennent de plus en plus fréquentes et qui empoisonnent la vie conjugale. La malheureuse finalement devine la vérité et, pour ne point fâcher ni rebuter son compagnon, emploie tous ses efforts à se maîtriser dans l'expression de sa jalousie et de son désespoir.

Le mari est heureux de l'équilibre rétabli et la résignation de sa compagne fait qu'il en prend de plus en plus à son aise. Il prolonge ses absences, s'éternise au cercle et rentre de moins en moins à la maison. La pauvre femme ne peut cependant étouffer en elle l'instinct inné de son sexe : le désir passionné de l'amour. Elle soutient avec son cœur une lutte longue et fatigante. Enfin ses sentiments si bons, si idéals, si purs, commencent à laisser la place à l'hypocrisie et à l'aigreur. Elle se sent prise tout à coup du désir de plaire à d'autres puisque son mari la dédaigne, et la soif de la vengeance l'aiguillonne. Elle recherche la société et les distractions. La maison et la famille n'ont plus aucun charme pour elle. Elle délaisse son foyer et ses enfants.

La fin est la même que dans le cas précédent. Il suffit d'une rencontre fatale pour que cet intérieur se transforme en un enfer, que le mari perde pour toujours sa femme et les enfants leur mère.

C'est ainsi que se terminent la plupart de tous ces mariages d'amour, et, si les circonstances qui ont rapproché les futurs époux commencent réellement sur le terrain d'une sympathie non intéressée, le développement de cette sympathie se trouve subitement arrêté du coup sous la pression des intérêts matériels qui absorbent de plus en plus l'attention et le loisir ainsi que les meilleures tendances des époux.

Le premier mouvement du premier enfant dans le sein de la mère et qui remplit le cœur des jeunes époux d'une joie inexprimable est déjà un avertissement fatal des conséquences où mènent les entraînements de l'amour, et un rappel de tous les soucis et des devoirs qu'entraîne la famille : l'entretien, l'éducation, l'avenir de l'enfant, etc. Les maladies qui accompagnent l'enfance, les soins qu'exige le jeune âge, puis l'enseignement des premières notions de convenance et de morale, tout cela absorbe les loisirs des jeunes époux et les amoureux disparaissent peu à peu de la scène pour laisser la place aux « tendres parents ».

Il est probable que le lecteur a eu souvent

l'occasion de rencontrer d'excellentes musiciennes qui, une fois mariées, se laissent absorber par les soins du ménage et de la famille et abandonnent complètement la musique. De même l'amour conjugal se transforme forcément en amour maternel et paternel qui devient le patrimoine de la famille, et les oublis amoureux plus particuliers sont toujours un détriment à ce patrimoine. On ne peut que s'en réjouir au point de vue de ce qu'on appelle « le principe de la famille ». Réjouissons-nous donc lorsque cette transformation s'accomplit heureusement, sans secousses et sans mécontentement mutuel.

Mais pourquoi fermer les yeux sur le revers de cette médaille? Les circonstances que nous venons d'indiquer vouent presque toujours l'homme à une seconde jeunesse immorale et débauchée, et cet état de choses ne peut pas être plus condamné que tout état physiologique en général.

Seule, la logique féminine, uniquement faite de sophismes, peut appliquer à ces états le principe de l'égalité et exiger de l'homme une contrainte qui est en contradiction formelle avec les lois de la nature.

CHAPITRE XVI

La question de l'égalité de l'homme et de la femme a donné lieu à une littérature spéciale dont la longue histoire remonte à plusieurs siècles. Mais cette histoire et cette littérature ne nous aideraient en rien à trouver la solution du problème qui nous occupe.

Théoriquement, le principe de l'égalité de tous les êtres raisonnables doit être admis par tous les êtres doués de raison. Nous pouvons ajouter que les démonstrations de l'équivalence des facultés de l'homme et de la femme sont non moins nombreuses que les démonstrations contraires ; de plus, que les démonstrations positives ne peuvent être facilement prouvées (par exemple on ne peut convaincre personne qu'un pauvre est riche, qu'un sot est intelligent, etc.), tandis que les négatives au contraire peuvent être facilement inventées, sous forme même d'assertions menteuses (il est facile, par exemple, de prouver qu'un homme intelligent fait des bêtises, qu'un riche est pauvre à proprement dire, qu'un honnête homme accomplit de vilaines actions, etc.). Alors la question de l'égalité de l'homme et de la femme sera à moitié résolue.

Les raisonnements sophistiques mis en avant pour prouver l'inintelligence de la femme se pratiquent depuis des centaines de siècles, même dans les pays qui ont joui de la plus grande gloire et du plus grand bien-être lorsqu'ils étaient gouvernés par des femmes, ces êtres prétendus inintelligents. Ce n'est pas sans raison que les femmes disent aux hommes : « Vous basez vos droits et votre supériorité sur la Bible, sur l'histoire, sur les lois qui nous régissent ; mais c'est vous qui avez écrit ces livres et fait ces lois. Si dès le commencement de l'humanité, nous nous étions trouvées à votre place, c'est vous qui seriez probablement obligés aujourd'hui de prouver votre intelligence, de revendiquer vos droits et de lutter pour votre indépendance. »

Pour moi, je crois que la raison fondamentale de l'insolubilité de la question qui nous occupe est avant tout dans l'inégalité de l'intensité des tendances sexuelles chez l'homme et chez la femme.

En appliquant aux rapports sexuels cette loi générale d'après laquelle presque toute femelle est obligée de multiplier chaque année son espèce par un ou plusieurs fruits, nous devons reconnaître que chaque femme doit aussi, dans les conditions normales de la vie sociale et privée, produire chaque année au moins un enfant, et cet acte est accompagné d'un état maladif qui dure au moins six mois et qui exclut les relations conjugales. Les facultés physiologiques de l'homme, au contraire, restent pendant ce temps dans toute leur force. Il n'y a pas un physiologiste qui pourrait indiquer chez l'homme un symptôme le forçant à s'abstenir pendant toute la période de gestation.

Ajoutons à cela les menstruations périodiques, toute une série de maladies spéciales aux femmes, leur désir d'éviter une grossesse toujours menaçante, leur crainte que l'enfantement et l'allaitement ne leur fassent perdre de leur fraîcheur et de leur beauté. Tout cela empêche des rapports suivis entre les époux, et alors l'inégalité sexuelle de l'homme et de la femme se présente à nous comme un principe absolu, fatal. Je dis absolu, car le fait anormal de la stérilité de la femme qui fait disparaître les obstacles dont nous venons de parler ne peut être érigé en règle générale.

Abordons maintenant le côté moral de la question.

Un honnête homme en proie à de trop grandes passions physiques porte au dehors de chez lui le trop plein des sentiments et une partie du bien-être de la maison, mais il n'apporte rien au sein de la famille. La femme au contraire emporte non seulement au dehors de la famille son principe fondamental, son foyer, mais encore elle rapporte à la maison un fruit étranger des passions étrangères.

L'homme peut compter dans sa chronique amoureuse une dizaine de femmes des conditions les plus diverses sans que ses qualités physiques et morales aient beaucoup été atteintes par ces diverses aventures.

La femme qui n'a même eu que deux amants porte déjà sur elle le sceau de la débauche, de l'impudeur, de l'effronterie. Elle nous apparaît ainsi peut-être parce qu'elle est obligée de braver l'opinion publique, par trop sévère, et c'est effectivement cette intention que nous devinons dans ses yeux provocants, ses allures libres, son ton dégagé, etc.

L'effet que produit une femme dans cette situation, surtout si elle est liée à un individu de condition inférieure, à un domestique par exemple, et en général son rôle passif dans les rapports d'amour ne parlent nullement en faveur de l'égalité des sexes. Au point de vue de l'adultère, lorsque la femme veut se mettre sur le même pied d'égalité que l'homme, elle est obligée de recourir à des sophismes évidents.

Puisque nous nous sommes engagés dans la voie de la franchise absolue, posons maintenant cette question de l'égalité sur un terrain moral plus vaste. Que nos charmantes lectrices nous disent, la main sur le cœur, s'il y en a beaucoup parmi elles qui seraient capables de répondre à un amour profond et véritable de toute la chaleur de leur âme, de toute la force de leur passion. Ne sont-elles pas pour la plupart les victimes et les esclaves de tous les sentiments secondaires, tels que l'amour-propre, la vanité, le désir de plaire, etc.?

Qu'on nous montre des femmes qui, semblables à Dante, Pétrarque, Boccace, Gœthe et autres grands poètes, aient chanté un amour éternel et porté en elles un amour qui ne s'éteint qu'avec la mort. Seraient-ce Béatrice, Laure ou Fiammetta ? Mais ces dames ont tranquillement épousé de simples mortels, méprisant l'amour de leurs illustres adorateurs qui, toute leur vie, ont composé des sonnets et des poèmes en leur honneur et finalement les ont entourées d'une auréole d'immortalité qu'elles n'ont nullement méritée. La bien-aimée de Werther, Charlotte, qui l'aimait cependant, n'a-t-elle pas volontairement épousé son premier fiancé, un homme qui savait calculer et un amoureux très froid? Pauvre Werther! Je ne puis concevoir comment un homme aussi épris d'idéal a pu sacrifier toute sa vie à une femme aussi intéressée que Charlotte. L'unique qualité de celle-ci — la fidélité à son devoir — était la conséquence d'un fait stupide en lui-même: un mariage d'intérêt. L'alliance de son sentiment du devoir avec la cruauté de voir sa tranquillité compromise s'exprime d'une façon bien caractéristique au moment même où lui apparaît la fatale résolution de Werther de se suicider. Elle peut empêcher ce suicide, et cependant le laisse s'accomplir!

Non, l'homme n'oublie pas si facilement que la femme. J'aurais pu composer un recueil volumineux rien qu'en réunissant les poésies et les correspondances qui prouvent cette vérité indiscutable. Rappelez-vous seulement la fière réponse d'Hector à Andromaque dans le drame de Schiller. Andromaque craint que l'amour d'Hector ne s'évanouisse à jamais et il lui répond : « Toute la fougue de mes pensées et de mes désirs, je l'inonderais sous les flots de l'oubli ! Non, le pur flambeau de l'amour ne s'éteindra jamais en moi ! »

L'homme seul peut faire ainsi la complète abnégation de lui-même, s'abandonner tout entier à ses passions. Chez la femme, si grande qu'apparaisse la passion, l'égoïsme maternel et les commodités de la vie restent toujours au premier plan et s'il lui arrive d'oublier ces divers intérêts dans le feu de l'entraînement, l'homme ne pourra jamais racheter le sacrifice qui lui en a été fait.

Il est vrai qu'il y a aussi parmi les hommes beaucoup de Don Juan qui ne voient dans l'amour qu'un agréable passe-temps et qui comptent un grand nombre de victimes honteusement trompées dans leur courte carrière. Il suffit, par exemple, de citer Petchorine (1). Mais qui a transformé cet homme autrefois plein de vie et d'énergie en un misanthrope incorrigible, en un Child Harold, si ce n'est la coquetterie vaine de la jeunesse, son incapacité à comprendre le profond sentiment de l'homme et à y répondre. Ce n'est certes pas l'aigre-douce princesse Marie qui pouvait seller ce cheval pur sang et raviver la flamme éteinte dans

(1) Le héros de Lermontov.

le volcan éteint trop tôt. Et contre une naïve princesse Marie, combien compte-t-on de Cléopâtre, de Tamar (1), etc.

(1) Héroïne du « Démon » de Lermontov.

CHAPITRE XVII

La jalousie a cette propriété indiscutable d'irriter celui qui en est l'objet. Mais ce sont surtout les personnes qui donnent motif à cette jalousie qui se distinguent par une intolérance particulière, et plus elles en ont conscience, plus elles poussent loin cette intolérance.

Quelle différence encore entre l'homme et la femme dans la manifestation de la jalousie! L'homme va franchement au but et ne retarde jamais l'explication définitive ;

il ne s'arrête même pas devant l'idée d'une catastrophe inévitable. C'est précisément grâce à cette circonstance qu'une femme véritablement aimante peut le désarmer aussitôt avec une franche explication et une tendre caresse. La femme au contraire est capable, sous l'influence d'un caprice insensé, de chasser un amant ou un mari jaloux, de l'abandonner pour des mois ou des années, de le rendre fou en lui faisant endurer l'intolérable souffrance d'une séparation sans cause ou, ce qui est pis, de l'irriter jusqu'à la rage précisément par toute une série de ces actions qui toujours provoquent et ravivent en lui la jalousie.

Il semblerait qu'en vertu du même principe d'égalité l'homme aurait le droit de mépriser une pareille femme et de chercher dans l'oubli complet un apaisement à son indignation et à sa douleur. Eh bien non, pas un instant il ne perd de vue son bourreau. Souffrant de cette séparation forcée, il doit comme auparavant et avant toutes choses lui assurer son existence, lui procurer des moyens d'existence qui lui permettent justement de passer des journées et des soirées dans la société d'hommes qu'il hait, dans un milieu qui blesse ses meilleurs sentiments, etc.

Si l'homme prie, supplie, en poussant les choses à l'extrême, menace de se suicider, la femme pour réponse le menace de faire un scandale public ou de le tromper, et elle ne craint pas de réaliser ce qu'elle dit. Ne voulant pas supporter les incommodités et les désagréments de la jalousie qu'elle a provoquée par ses propres actions, elle s'arrange de façon à s'assurer une indépendance complète. Et comme « l'indépendance » consiste avant tout dans les moyens d'existence matériels, au nom de la *grande* idée de l'émancipation de la femme et pour se soustraire au despotisme de l'homme, elle lui arrache de force cette indépendance, se persuadant à elle-même que le but justifie les moyens et ne comprenant pas qu'en fin de compte elle n'exige qu'une rétribution de son amour.

Je me demande de nouveau s'il y a là égalité. La femme prétend donner à l'homme un amour pur — elle le fait aussi pour son propre bonheur — et elle reprend cet amour au premier caprice qui lui passe par la tête, et dès les premières disputes, pour quelques paroles futiles. L'homme lui donne son cœur, son intelligence, son labeur, les soucis non seulement de sa vie morale mais aussi de son existence matérielle. Eh bien, chassé par elle, il est obligé de laisser la place à un autre et il reste quand même le pourvoyeur de ses besoins.

Telle est la logique de la femme. Elle se croit le droit de rendre à l'homme le mal pour le bien et lui ne peut jamais rendre le mal que par du bien.

Je me base ici sur une quantité de faits indiscutables, confirmés par des centaines de romans et de procès.

Enfin l'homme est-il capable d'égaler la femme dans la feinte des sentiments ? L'hypocrisie de la femme dérive directement de son désir de plaire. Son soin de retenir autour d'elle toute une haie d'adorateurs la force à cultiver en elle l'art de montrer une fausse amabilité, une sensualité simulée, une affection mensongère. Capable de céder à des entraînements faciles, elle trouve encore plus facilement moyen de justifier les entraînements les moins excusables. Il ne lui en coûte rien d'exalter en elle quelque sympathie hasardeuse (par exemple pour un artiste qu'elle n'a encore vu qu'une seule fois ou pour un écrivain qu'elle n'a jamais vu); de développer en elle une passion éphémère en se persuadant qu'elle est en proie à l'amour le plus violent.

Plusieurs de mes lectrices n'auront probablement pas de peine à se souvenir qu'il leur est arrivé d'écrire en même temps des petits billets tendres, touchants et également passionnés à l'homme qu'elles aimaient et à quelques amis intimes, de se pencher tout aussi tendrement sur l'épaule de l'un et des autres et de s'ennuyer tout autant de l'absence de l'un et des autres. Elles se rappellent aussi comment l'amour le plus passionné s'est brusquement éteint devant chaque petite incommodité ou devant la revendication du droit de l'homme aimé de prétendre à une réciprocité absolue.

Telle est donc, mes chères lectrices, la véritable cause de votre inégalité morale avec l'homme. La véritable égalité n'est établie ni par les lois, ni par les convenances, ni par les mœurs, elle consiste dans les sentiments mêmes et son équilibre repose sur la réciprocité et la constance de l'amour.

Mais hélas ! combien la plupart d'entre vous sont loin d'approcher de ce haut idéal ! Aussi vous payez cette impuissance par un abaissement moral et un demi-esclavage physique.

Je n'ai discuté jusqu'ici que de l'égalité au point de vue moral. Il faut ajouter que, dans la sphère politique, toute conquête de la femme doit aussi l'éloigner du véritable idéal de l'amour. J'ai déjà démontré avec beaucoup de détails que la vie politique est un milieu absorbant, néfaste pour l'amour, où *l'intelligence* prédomine sur les sentiments et le devoir sur les entraînements du cœur.

Pour se représenter le caractère de la femme de l'avenir, revêtue de tous les droits politiques, il suffit de jeter un coup d'œil sur les quelques femmes qui commencent à essayer leur force dans l'arène de la science politique. Le seul frôlement de cette branche de la science a endurci leur cœur et leur a donné une réputation de bas-bleu. L'amour-propre d'une femme savante est peut-être plus fort que celui d'une artiste qui est cependant prête à sacrifier ses plus chères affections et le bonheur de son foyer à quelques applaudissements éphémères. L'artiste cherche à gagner la sympathie d'un certain public, d'une certaine salle de spectacle. La femme savante se croit déjà un professeur en chaire, un régent, une héroïne, une sorte de Jeanne d'Arc de la Science. Son intelligence erre constamment dans la métaphysique. Comment pourrait-elle descendre jusqu'à penser à des sympathies futiles, à l'amour, par exemple !

Schiller a très bien marqué les traits fanatiques du caractère de la femme dans les dialogues du roi Charles VII avec la Pucelle d'Orléans. Ce langage ne serait pas déplacé dans la bouche de n'importe quelle femme savante, tant il est vrai qu'elles abdiquent tout sentiment personnel devant une idée.

Ce n'est pas seulement la science à proprement dire qui endurcit le cœur de la femme, mais l'orgueil. J'ai vu de jeunes femmes qui s'étant assimilé à la surface une certaine dose de savoir n'en montraient pas moins une grande capacité d'aimer, mais seulement dans le cas où l'homme s'extasiait devant leur supériorité.

Il est très rare de voir une femme profiter de son instruction pour apprécier selon ses mérites l'autorité intellectuelle de l'homme aimé. Elle veut toujours être supérieure.

Il m'a été souvent donné de voir un phénomène qui se produit fréquemment; celui d'une femme savante qui évite de parler avec son mari de choses sérieuses et qui, au contraire, s'entretient volontiers de pareils sujets avec des étrangers. Dans une discussion générale, cette femme se rangera de préférence du côté des adversaires de son mari.

Cet esprit de contradiction, qui provient de la crainte de sanctionner la supériorité du mari, agit d'une manière pernicieuse sur les relations des époux. Il en résulte encore que le cœur n'est pas satisfait et que l'équilibre conjugal s'en trouve compromis.

Ainsi donc, la question de l'égalité, n'importe de quel côté on l'envisage, se présente comme insoluble à cause de certaines particularités physiques ou morales de la nature féminine, et la seule issue pour sortir de ce dilemme est le divorce.

Malheureusement les législateurs portent peu leur attention sur le côté psychologique du mariage. Autrement, dans l'intérêt même de l'institution du mariage, ils laisseraient une plus grande facilité de divorcer et, au lieu de tant chercher à sauvegarder l'intégrité du mariage, ils feraient beaucoup mieux de créer des refuges pour les orphelins, ces seules victimes de la destruction du foyer. Puisque tous les soins qu'on prend pour la conservation des unions sont en vue justement de l'avenir des enfants, ne vaudrait-il pas mieux assurer d'avance à ceux-ci une éducation aux frais de l'Etat que de les exposer à se trouver brusquement privés de tout par suite des dissensions et des malheurs qui frappent la famille ?

CHAPITRE XVIII

Si les lecteurs ont suivi attentivement le développement de ma pensée, ils ont pu se faire une opinion bien définie sur *la façon dont l'amour doit être et peut être, et comment il apparaît dans notre vie sociale et artificielle.*

Ce qu'on appelle « le juste milieu » et qui se trouve être entre les deux extrêmes de l'indifférence et du véritable amour ne consiste que dans les affections éphémères, l'amitié, l'habitude, les sympathies occasionnelles, etc.

Pour posséder le véritable amour et en faire la base de toute sa vie, il faut que l'homme soit à la hauteur de la mission qui lui a été confiée depuis l'origine de l'humanité par la Providence. Quelle est cette mission ? Nous ne pouvons à ce sujet que faire des hypothèses basées sur les symptômes naturels que j'ai indiqués dans les premiers chapitres de cette étude et aussi sur la légende laconique de la Bible sur la création de l'homme. Je m'appuierai sur cette légende parce qu'elle a son origine bien loin de nous, en dehors des limites de notre civilisation artificielle, et qu'elle remonte à l'époque reculée de la prédominance du *sentiment primitif* de l'homme.

En créant d'abord Adam et Eve ensuite

pour lui tenir lieu de compagnie et en les plaçant tous deux dans l'Eden, le Créateur avait évidemment l'intention de leur donner tous les éléments d'un bonheur éternel et sans nuages. La légende biblique ne parle pas tout d'abord de l'attraction sexuelle et des souffrances qui en résultent, et aussi la mission de l'homme sur la terre n'est indiquée que par un seul mot : la domination. D'après le sens de cette légende, le Créateur voulait donner à la vie humaine une direction correspondant absolument au but de l'harmonie universelle et qui devait réaliser le grand mystère de la félicité éternelle et immuable. On n'aurait certainement pu se passer de l'attraction sexuelle qui est propre à tout être vivant, mais elle eût pu se trouver en concordance complète avec la destinée de l'homme, et non sous la dépendance des hasards extérieurs comme cela est arrivé par la suite.

Mais dans un malheureux coin de l'Eden se trouvait un arbre dont le fruit concentrait en lui toutes les semences de toutes les variétés du mal qui est l'antithèse absolue du bien, du beau, du bonheur, bases de l'harmonie universelle.

Cet arbre, hélas ! est l'emblème fatal de la civilisation. Il suffisait de toucher à un de ses fruits pour qu'il en sortît toutes sortes de malheurs et de vices. Un méchant génie réussit à pousser l'homme à commettre cette erreur, et tout ce qui avait été donné à la création pour atteindre et réaliser le bonheur éternel s'est transformé en souffrance.

Le premier accouplement entre Adam et Eve eut lieu, toujours suivant la légende, après qu'ils furent chassés du Paradis, et il en résulta un fruit absolument digne de l'arbre maudit : Caïn, vrai fils de notre civilisation humanitaire.

Depuis, l'amour est devenu un idéal inaccessible dont l'homme peut quelquefois se rapprocher, mais seulement s'il se trouve en dehors des conditions, des devoirs artificiels et des servitudes de notre vie sociale.

A mon avis, il n'est possible de se rapprocher de cet idéal que lorsque les deux êtres qui s'aiment y mettent chacun du leur et observent avec abnégation une sorte de pacte chevaleresque :

1° En ayant toujours soin de soutenir et de consolider un équlibre absolu dans la réciprocité des sentiments.

2° En ne s'indignant pas et en ne se révoltant pas avec véhémence lorsque l'un des deux montre de la jalousie, mais au contraire en empêchant l'éveil de ce sentiment.

3° En évitant les actions qui provoquent cette jalousie.

4° En n'oubliant jamais, au milieu des malentendus les plus légers ou des discussions les plus vives, que l'amour est souvent la victime des sophismes de la femme et de l'irritabilité exagérée de l'homme, que la cause de tout malentendu consiste souvent dans une *parole* en l'air et non dans un *fait* (un reproche grossier adressé sans intention, une parole brusque, une injure gratuite, une généralisation importune de quelque action isolée, voilà ce qui empoisonne l'amour-propre et l'amour avec lui. Mais pourquoi sacrifier le constant, l'éternel à l'éphémère, le bonheur à une parole non réfléchie ?)

5° En arrêtant l'emportement par un bon sourire ou une tendre caresse, car céder dans ces conditions, c'est montrer beaucoup plus de caractère que de persévérer dans un entêtement qui marque la rancune, la sottise, la faiblesse, etc., c'est-à-dire les travers et les défauts qui ne peuvent être le fondement d'un amour durable et véritable.

6° En se rappelant que dans les moments d'irritation maladive ou rageuse l'homme prend souvent les paroles pour les actes et est capable de ne pas admettre les vérités les plus évidentes; suivre dans ce cas les règles que nous avons énumérées plus haut même dans les conditions qui en rendent l'application le plus difficile. Par la suite, cette aveugle obéissance se justifiera complètement et sera récompensée par la paix et la félicité de l'âme.

L'homme et la femme qui ne se sentent pas capables d'une telle abnégation chevaleresque doivent éviter tous les rapprochements et toutes les occasions qui pourraient éveiller l'amour dans leur cœur, car l'amour ne serait alors pour eux qu'une souffrance infinie.

FIN

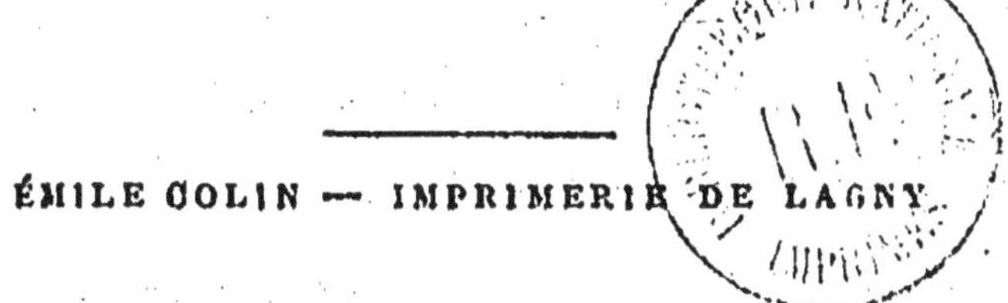

ÉMILE COLIN — IMPRIMERIE DE LAGNY

DERNIÈRES PUBLICATIONS

Collection in-18 à 3 fr. 50 le volume.

ARÈNE (PAUL) & TOURNIER (ALBERT). — **Des Alpes aux Pyrénées.** 1 vol.

ALLAIS (ALPHONSE). — **Vive la Vie!** 1 vol.

BERGERAT (ÉMILE). — **Les Soirées de Calibangrève.** Illustrées. 1 vol.

BIGOT (CHARLES). — **Un Témoin des Deux Restaurations.** — Edmond Géraud. 1 vol.

BORDONE (GÉNÉRAL). — **Garibaldi** (Portrait et autographe). 1 vol.

CAHU (THÉODORE). — **Loulette voyage.** 1 vol.

COURTELINE (GEORGES). — **Messieurs les Ronds-de-Cuir.** Illustrés par Bombled. 1 vol.

— **Lidoire et la Biscotte.** 1 vol.

DAUDET (ALPHONSE). — **Rose et Ninette.** Mœurs du jour. — Frontispice de Marold. 1 vol.

— **Port-Tarascon.** Derniers exploits de l'illustre Tartarin. — Collection Guillaume, illustrée. 1 vol.

— **L'Obstacle.** — Collection Guillaume, illustrée. 1 vol.

DAUDET (ERNEST). — **Les Mœurs du Temps.** 1 vol.

DANRIT (CAPITAINE). — **La Guerre de demain.** Illustrée par Paul de Semant. 6 vol.

FIGUIER (LOUIS). — **Les Bonheurs d'Outre-tombe.** 1 vol.

FLAMMARION (CAMILLE). — **Uranie.** — Collection Guillaume, illustrée. 1 vol.

GINA SAXEBEY. — **Par Amour.** — Roman. 1 vol.

KISTEMAECKERS FILS (HENRY). — **Mon Amant.** Roman psychologique. 1 vol.

LANUSSE (L'ABBÉ). — **L'Heure suprême à Sedan.** 1 vol.

LEROY (CHARLES). — **Les Filles de Laroustit.** Roman 1 vol.

MAËL (PIERRE). — **Mariage mondain.** 1 vol.

MALOT (HECTOR). — **Complices.** 1 vol.

MENDÈS (CATULLE). — **Les Lieds de France.** Musique de Bruneau, Illustrations de Raphaël Mendès. 1 vol.

MOINAUX (JULES). — **Le Monsieur au Parapluie.** Roman. 1 vol.

MONIN (Dr). — **La Lutte pour la Santé.** 1 vol.

RODENBACH (G.). — **Bruges-la-Morte.** Roman illustré. 1 vol.

SALES (PIERRE). — **Viviane de Montmoran.** 1 vol.

— **L'Argentier de Milan.** 1 vol.

— **Chaîne dorée.** 1 vol.

— **Olympe Salverti.** 1 vol.

— **Beau Page.** 1 vol.

SAVARI (PAULINE). — **Sacré Cosaque!** 1 vol.

SEVIN DESPLACES. — **Afrique et Africains.** 1 vol.

TOLSTOÏ (LÉON). — **L'Argent et le Travail.** 1 vol.

VALDÈS (ANDRÉ). — **L'Imposture.** 1 vol.

— **Les Trésors des Vaincues.** 1 vol.

XANROF. — **Chansons à rire.** Illustrations et musique. 1 vol.

www.ingramcontent.com/pod-product-compliance
Lightning Source LLC
Chambersburg PA
CBHW071348280326
41927CB00039B/2342